Solicite nosso catálogo completo, com mais de 400 títulos, onde você encontra as melhores opções do bom livro espírita: literatura infantojuvenil, contos, obras biográficas e de autoajuda, mensagens espirituais, romances, estudos doutrinários, obras básicas de Allan Kardec, e mais os esclarecedores cursos e estudos para aplicação no centro espírita – iniciação, mediunidade, reuniões mediúnicas, oratória, desobsessão, fluidos e passes.

E caso não encontre os nossos livros na livraria de sua preferência, solicite o endereço de nosso distribuidor mais próximo de você.

Edição e distribuição

EDITORA EME

Caixa Postal 1820 – CEP 13360-000 – Capivari-SP

Telefones: (19) 3491-7000 | 3491-5449

Vivo (19) 9 9983-2575 ☺ | Claro (19) 9 9317-2800

vendas@editoraeme.com.br – www.editoraeme.com.br

MÁRIO SURIANI
PELO ESPÍRITO SÓROR HELENA

A escolha de Samira

Capivari-SP
– 2020–

© 2020 Mário Suriani

Os direitos autorais desta obra foram cedidos pelo autor para a Editora EME, o que propicia a venda dos livros com preços mais acessíveis e a manutenção de campanhas com preços especiais a Clubes do Livro de todo o Brasil.

A Editora EME mantém o Centro Espírita "Mensagem de Esperança" e patrocina, junto com outras empresas, instituições de atendimento social de Capivari-SP.

1ª reimpressão – dezembro/2020 – de 3.001 a 4000 exemplares

CAPA | André Stenico
PROJETO GRÁFICO E DIAGRAMAÇÃO | Joyce Ferreira
REVISÃO | Letícia Rodrigues de Camargo

Ficha catalográfica

Sóror Helena, (Espírito)
      A escolha de Samira / pelo espírito Sóror Helena; [psicografado por] Mário Suriani – 1ª reimp. dez. 2020 192 pág.

      1ª ed. jun. 2020

      ISBN 978-65-5543-017-2

1. Espiritismo. 2. Intercâmbio espiritual. 3. Mediunidade.
I. TÍTULO.

CDD 133.9

AGRADECIMENTOS

MEUS AGRADECIMENTOS ÀS pessoas que trabalharam para essa obra vir a lume: editor, revisor, diagramadora, mas principalmente ao espírito Sóror Helena pela paciência e perseverança em relação às minhas limitações.

Dedicatória

DEDICO ESSE LIVRO à minha mãe, Alcidia Carrara Suriani, que mesmo não sendo alfabetizada teve paciência comigo, utilizando sua didática própria no ensino das primeiras letras e números complementando o trabalho das mestras escolares.

Um convívio curto "sem direito à escolha", pois nos separamos quando eu contava apenas 8 anos de idade.

Precocemente ela deixou essa última existência terrena, mas, tenho certeza, esteve sempre comigo em todos os momentos de minha vida.

Sumário

Prefácio 11

Capítulo I
A escolha 15

Capítulo II
A partida..29

Capítulo III
Em Gênova...45

Capítulo IV
Visita inesperada..59

Capítulo V
O ataque pirata 73

Capítulo VI
Finalmente as Índias...83

Capítulo VII
O sequestro 95

Capítulo VIII
Reencarnação de um rei 109

Capítulo IX
Amil e Shaila..121

Capítulo X
De volta para casa 131

Capítulo XI
Finalmente, Gênova!..141

Capítulo XII
Caso esclarecido 153

Capítulo XIII
Novos rumos...163

Capítulo XIV
Epílogo..175

Capítulo XV
Palavras finais de Sóror Helena 183

Prefácio

Tenho convivido com Mário Suriani desde 1990. E presencio o seu senso crítico, principalmente no que tange à responsabilidade que tem em traduzir com fidelidade o pensamento dos espíritos que desejam trazer informações através da psicografia.

Com o espírito Sóror Helena não foi diferente. Convivendo no mesmo grupo em que Mário atua como médium, tenho acompanhado com alegria as mensagens que continuadamente esse espírito traz, orientando-nos a cada dia.

Com a narrativa desse romance percebe-se claramente o objetivo de nos auxiliar com as reflexões aqui inseridas.

Nossa vida tem valores que vão se iluminando à medida que trabalhamos interiormente a própria conduta e corrigimos os nossos erros.

Não é fácil admitir que erramos. Muito menos aceitar

que muitas vezes os erros não são corrigidos numa única encarnação.

Tudo faz parte das nossas escolhas. Como aprendemos em *O Livro dos Espíritos* na questão 843:

> **O homem tem o livre-arbítrio sobre seus atos?**
> – Como tem a liberdade de pensamento, tem também a de ação. Sem livre-arbítrio o homem seria uma máquina.

Samira é mais um espírito que com a oportunidade de reencarnar, veio encontrar-se com seus desafetos e amigos do passado e sofrer as consequências das suas escolhas.

Tudo emana de Deus e Ele, como Pai amoroso, dá oportunidade a todos os espíritos, do renascer, voltar à pátria espiritual, conscientizar-se das suas mazelas e acertos, para novamente receber um corpo de carne e, assim, reiniciar o seu ciclo de aprendizagem.

O romance orquestrado pelo espírito Sóror Helena, e tão bem traduzido pelo amigo Mário Suriani, tem como objetivo enfatizar que embora tenhamos a liberdade de direcionar as nossas ações, vamos fatalmente colher o fruto doce ou amargo dos resultados que conquistamos.

Quando o egoísmo impera deixando acima de tudo os nossos próprios interesses mesmo que isso prejudique alguém, como no caso de Plotina, é imprescindível que a consciência marque os próximos passos das nossas vidas

A escolha de Samira | 13

com autopunição, ou seja, ação e reação trazendo o remédio amargo das dores até que tenhamos corrigido a rota com os espíritos que afetamos de alguma forma e fatalmente consigamos exercer o autoperdão.

De uma metodologia simples e bem aplicada, Sóror Helena nos traz outras reflexões como: a responsabilidade dos pais na condução dos filhos, as consequências do desrespeito à vida com a prática do suicídio, a vaidade que enraíza ainda mais o espírito à matéria, a ajuda constante que recebemos dos amigos espirituais, dentre outros.

É fato que ainda hoje, embora tenhamos despertado para a realidade da vida espiritual, não conseguimos acelerar a marcha do nosso progresso moral.

Vivenciando o século XXI, com a marcha da evolução intelectual se acelerando ainda mais a cada dia, ainda vemos conflitos no que tange ao preconceito, igualdade, egoísmo, interesses escusos que levam o homem nos caminhos da vida em sociedade à corrupção desenfreada em todos os níveis.

Falta em nossa vida a prática do maior dos ensinamentos de Jesus: a lei do amor.

Em *O Evangelho segundo o Espiritismo*, no capítulo XI, item 8, Lázaro corrobora esse ensinamento com suas palavras:

> O amor resume inteiramente a doutrina de Jesus, pois é o sentimento por excelência, e os sentimentos

são os instintos elevados à altura do progresso realizado. Em seu ponto de partida, o homem só tem instintos; mais avançado e corrompido, só tem sensações; instruído e purificado, tem sentimentos; e o amor é o requinte do sentimento. Não o amor no sentido vulgar da palavra, mas este sol interior que condensa e reúne em sua ardente fornalha todas as aspirações e todas as revelações sobre-humanas.

Termino aqui com a seguinte reflexão:
– Quando conseguiremos fazer brilhar esse SOL INTERIOR que existe dentro de nós?

Margareth Pummer*

---

* Autora do livro *Planejamento reencarnatório*, atualmente é Presidente do Centro Espírita Nosso Lar Casas André Luiz na cidade de Guarulhos/SP. Palestrante, militando no espiritismo há 40 anos.

CAPÍTULO I

A ESCOLHA

NAQUELA MANHÃ DE outono Samira relutava em sair da cama. A noite fora cansativa e maldormida. O sono tumultuado pelos sonhos em que via as crianças chorando com sua partida não saía de sua cabeça. No entanto, na maneira como via as coisas não havia outra opção. Seu destino estava selado. Aos 27 anos de idade não poderia e nem queria perder a oportunidade de viver uma vida feliz com a pessoa que encontrara.

Pedro era tudo para ela. Tudo aquilo que nunca tivera antes em relação a uma vida afetiva.

Sua história de vida era triste e comovente. Tivera o primeiro filho aos 16 anos de idade, quase que violentada por aquele com quem conviveria por longos e intermináveis quatro anos.

O primogênito, Giovanni, era o seu mais precioso bem, que amenizava os sofrimentos no início daquele casamento tão tumultuado como eram os demais que conhecia de outras jovens entrando na adolescência, com homens cuja idade poderiam ser seus pais. Jerônimo, seu marido, tinha quase o triplo de sua idade. Ele era de natureza bruta, sem um mínimo de sensibilidade e extremamente agressivo. Para piorar ainda mais a situação se encontrava quase sempre bêbado. Trabalhava como lenhador, e tão logo tiveram o primeiro filho, vieram as duas meninas. Ângela, que contava agora com 9 anos de idade era a mais velha das garotas. Giulia, a pequenina, a caçulinha, entrava no sétimo ano de vida.

Depois que engravidara da mais nova, Jerônimo a abandonara à própria sorte. Com todas as dificuldades no relacionamento com Jerônimo, entenderia rapidamente que se era difícil, com ele, pior seria agora. Afinal, o sustento de todos era proporcionado por Jerônimo e naquele momento sua vida se tornou um tormento maior, pois não tinha a quem recorrer, uma vez que perdera os pais ainda na infância e seus irmãos pouco se interessavam pela sua vida.

Grávida e abandonada teria que ir à luta para manter as crianças e sua própria sobrevivência.

Gênova naqueles dias dos primeiros anos da segunda metade do século XVI vivia agitada. Havia um movimento intenso na área portuária da cidade, um dos mais importantes da Europa, que vivia o auge das grandes navegações desde a descoberta do caminho para as Índias pelo português Vasco da Gama.

A ESCOLHA DE SAMIRA | 17

Diante desse quadro não foi nada difícil conseguir dar início a um trabalho de comercialização de todo tipo de iguarias que fazia à noite e colocava à venda na área do porto durante o dia. Esse trabalho lhe rendia o necessário para ir sobrevivendo, mas tomava-lhe 18 horas de trabalho diário entre o preparo da comida à noite e ir logo pela manhã vender no porto.

Giovanni era assim sua única ajuda e ainda tinha que pagar uma pessoa para ficar em casa cuidando das duas filhas, tão logo trouxe ao mundo a pequena Giulia.

Emagrecera assustadoramente nesses últimos sete anos, quase que ficando pele e osso, e a vida se lhe tornara uma prova dificílima. Apesar de tudo isso, possuidora que era de uma beleza rara, se sobressaía em muito em relação às demais mulheres de sua idade, o que acabava se tornando um incômodo para ela em razão de trabalhar numa área pouco recomendável a uma pessoa de bem, como era seu caso.

Dessa forma, constantemente era alvo da cobiça e propostas indecentes de viajantes, marinheiros, e toda espécie de homens que trabalhavam no porto, contudo, nunca cedera aos interesses mesquinhos daqueles seres tão brutos. Até pensava consigo mesma: por que não aparecia um homem de bem em sua vida? Já passara a acreditar que o amor era apenas conto de fadas, pois não tivera a felicidade de encontrá-lo.

Tudo transcorria nessa rotina até o dia em que avistara Pedro. De origem portuguesa, aos 38 anos de idade, o experiente comandante atracara sua nau em Gênova naqueles dias trazendo muitas novidades do Oriente e também todo tipo de mercadoria esperada pelos genoveses dos portos da Espanha como a lã, indispensável na manufatura de tecidos.

Sedutor contumaz, nunca se apegara as suas conquistas em termos de relacionamentos afetivos.

Pedro caminhava pela orla do porto quando avistara a banca de alimentos e fora atraído de forma irresistível por aquela mulher. Macérrima pelos seus dias de tanto trabalho, mas com dois olhos tão verdes, que mais se assemelhavam a esmeraldas, e os cabelos longos e negros davam a Samira o aspecto de uma deusa. Sua beleza, herdada dos antepassados mouros chamou-lhe a atenção no primeiro olhar. Parara com desculpas de comer algo para amenizar a fome, mas sua real necessidade era sem dúvida conversar com aquela moça que exercia uma forte atração em sua alma. Nos primeiros olhares entre os dois era notório que tanto um quanto o outro se sentiram irremediavelmente presos como nunca acontecera em suas vidas. Era o reencontro de duas almas que estavam ligadas pelos laços mais sagrados do amor desde épocas remotas.

Em pouco tempo ambos se tornaram escravos daquele sentimento de amor que para ela era totalmente inesperado e fora de qualquer expectativa que viesse a ocorrer. Vivia para seus filhos e, apesar de tanto reclamar da vida, não tinha outro objetivo maior que a movesse tanto quanto aquelas crianças.

A situação foi ficando tão séria que Pedro fez algo que nunca imaginara: propôs a Samira partir com ele. Iriam para Portugal, se casariam e teriam uma vida extremamente feliz. Para ela seria o paraíso, segundo ele mesmo disse. Não precisaria mais se matar de tanto trabalhar e da parte de Pedro já vinha acalentando a ideia de deixar as viagens tão arriscadas, uma vez que com o que auferira nesses longos anos de trabalho não tinha com o que se preocupar em termos de sobrevivência, pois sua fortuna era considerável. O que ele logicamente não sabia era da existência dos filhos de Samira.

Nos projetos do capitão faria mais uma participação nas famosas Carreiras para as Índias e pararia de vez com a navegação. Vira centenas de seus homens morrerem de pestes, ou em combates com piratas, outros de fome nas viagens em que se perdiam no infinito, assustador e desconhecido oceano.

Samira ficara deslumbrada com a proposta, mas seu coração disparou ao lembrar-se do detalhe: e seus filhos?

Não tinha coragem de contar ao seu amor a respeito. E se ele a abandonasse de pronto? Como ficaria sem esse alguém que trouxera a felicidade em sua vida? Agora era impossível abrir mão desse amor.

Assim ia adiando tocar nesse assunto.

Os dias passavam rapidamente. O tempo antes tão monótono agora parecia voar.

Até quando conseguiria ir empurrando essa situação?

Vivia agora uma vida extremamente agitada. Se antes o tempo já era curto para tantos afazeres, agora se tornara uma loucura. Recolhia rapidamente todo o material da banca em que comercializava seus produtos e ia correndo para casa, onde orientava Sophia, para que a ajudasse no preparo das comidas. Apesar da idade avançada, a velha pajem colaborava em tudo com muita dedicação. Após distribuir toda orientação a Sophia, dava um beijo nos filhos e voltava ansiosa para encontrar seu amor já a esperar com o coração aos saltos como nunca se sentira antes.

Seu prazo ia se esgotando e nessa noite Samira resolvera abrir o jogo.

Provavelmente seria o fim de tudo, mas em seu coração dolorido não tinha outra escolha.

Ganhara coragem e, após horas de tanta alegria e prazer, contara a Pedro sobre as crianças.

– Como? Por que não me contou antes? – esbravejou muito contrariado o português.

"Era o fim", pensava ela. "Estragara tudo. Mas não tinha outro jeito. A menos que fugisse com ele sem contar nada", mas nunca faria isso.

Timidamente ela sussurrou:

– Não dá para levar meus filhos?

– Impossível! – respondeu irritado.

– Faça isso por nós, meu amor – pediu entre lágrimas quase implorando.

– Mulher – disse num tom de voz que ela desconhecia em Pedro – levar essas crianças numa viagem como a que faremos seria o mesmo que jogá-las à morte. Sei que abandonando os pequenos aqui vai agir quase que da mesma forma, mas tenha certeza que aqui, sozinhos, eles têm mais chances de sobreviver se comparado a uma viagem dessas. O percurso para as Índias é longo e cheio de perigos que você nem imagina. Sofremos todos os tipos de necessidades. Estamos expostos às mais perigosas doenças, as condições de higiene são precárias, muitas vezes passamos fome, sede, sofremos ataques de navios piratas onde morre muita gente. Quando somos acolhidos por tempestades você não tem a menor ideia de quantos perecem no mar. Se quer preservar seus filhos, procure alguém que possa cuidar e adotar ainda que por algum tempo essas crianças. Agindo assim será menos cruel e poderemos desfrutar de nossa felicidade sem manchar tanto nossas vidas com o destino deles.

Após expor toda situação Pedro perguntou:

– Você não tem ninguém que possa fazer isso por eles?

– Sophia – disse ela.

– Quem é Sophia? – indagou Pedro esperançoso.

Samira explicou a ele toda situação, contando em detalhes como a conhecera e a forma como cuidava de suas crianças. Antes de ouvir algo de Pedro ainda falou chorando.

– Pedro, meu amor, como ficamos agora? Não quero perdê-lo. Por favor, ajude-me a encontrar uma solução.

– Quero você comigo mais do que nunca. Vamos estudar uma maneira de resolver esse impasse. Pretendo um dia deixar essa vida e assim poderemos nos acomodar em alguma pequena cidade. Em nosso retorno a Gênova, viremos buscar seus filhos. Venha comigo. Aqui sua vida é muito sofrida. Nessa viagem conhecerá o mundo. Acordará todos os dias contemplando uma nova paisagem. Não terá mais necessidade de levar uma vida tão miserável e sem futuro algum. Com certeza, na forma como vive, abreviará sua existência rapidamente. Temos agora a questão de seus filhos que em princípio se mostra sem solução. É uma difícil escolha de sua parte, mas não tem outro remédio. Ou parte comigo deixando as crianças ou fica e nos privamos de viver esse grande amor, o que certamente nos fará infelizes para o resto de nossas vidas. Decididamente, por tudo que já lhe falei, não há como levá-los.

Samira sonhava de olhos abertos. Era tudo que queria. Viajar pelo mundo e ainda melhor, junto à pessoa que surgira em sua vida trazendo toda a felicidade que sempre sonhara e nem poderia imaginar iria acontecer. Mas seu sonho durava alguns segundos. Logo acordava e pensava: "como abandonar seu querido e pequeno Giovanni? E as meninas? O que seria da vida dessas crianças?".

Cada vez mais tomava força em sua mente a vontade de partir deixando tudo para trás. "Depois daria um jeito", pensava.

Nesses sete anos em que ficara sozinha se afeiçoara a Sophia, a pajem das crianças. Pagava-lhe um valor irrisório o que para Sophia era até muito, pois viera de uma vida de fome e total miséria e agora com Samira tinha uma cama quentinha e limpa e nunca mais passara fome. A velha Sophia se apegara àquela família, assumindo o papel de uma mãe para Samira e avó para as crianças.

Dessa forma, aos poucos foi tomando força a ideia de Samira em deixar as crianças com Sophia durante sua ausência.

Voltando ao começo da narrativa, encontramos Samira se levantando da cama e sabendo que seria um dia de muita agitação e com certeza o mais triste e longo de sua vida em razão de sua partida no final da tarde.

No dia anterior já havia conversado com Sophia e Giovanni, poupando as meninas da notícia.

Giovanni ficou ciente que sua mãezinha faria uma viagem em busca de alternativas que visavam uma melhor condição de vida para todos. Entristecera com a novidade, mas, como sempre, acatara as orientações de sua mãe.

Samira fez seu desjejum e em seguida acompanhou Giovanni até o local de trabalho, deixando tudo aos cuidados do menino e foi ao encontro de Pedro, conforme haviam combinado no dia anterior.

Após os longos beijos do casal apaixonado, Pedro disse à jovem:

– Tenho uma boa notícia!

– Vai levar meus filhos? – indagou feliz e surpresa.

– Não, meu amor – falou Pedro sorrindo e abraçando-a fortemente. – Você sabe que isso não é possível, mas deixaremos tudo sob controle de modo a não faltar nada a eles.

– Em que sentido? – perguntou Samira curiosa.

– Em razão dos riscos que essas crianças correm, conversei com meu intendente e ele me sugeriu que os deixasse bem amparados financeiramente. Você tem uma pessoa de total confiança nas mãos de quem possamos deixar os recursos financeiros para a subsistência de todos?

Samira felicíssima da vida e muito surpresa com tanta atenção por parte do amante respondeu-lhe:

– A única pessoa em quem confio totalmente é Sophia, a quem considero minha segunda mãe. Juntamente com Giovanni que já é bastante responsável, apesar da idade, acredito possam se desincumbir bem dessa tarefa.

– Não sei – Pedro coçou a barba preocupado. – Ele é tão criança e Sophia pelo que você conta é uma velha de poucos recursos nesse sentido.

Samira entendeu a colocação de Pedro, mas ratificou sua opinião.

– Tenho certeza que Giovanni fará tudo da melhor forma e quanto a Sophia, é extremamente honesta e trabalhadeira. Naquilo que ela não souber agir terá no menino uma segurança grande, pelo seu jeito inteligente e trabalhador. Afinal Giovanni já está bem próximo de completar 12 anos. Já pensa até em viajar nas expedições marítimas.

Pedro afinal aceitou as ponderações de sua amada e pediu-lhe que enviasse Giovanni à embarcação assim que pudesse. Ele seria orientado em tudo na forma de agir e se precaver no aspecto da segurança.

Samira muito feliz e com a consciência menos carregada perguntou:

– Quando você acha que estaremos de volta a Gênova?

– Muito difícil prever, meu anjo. Hoje partiremos para uma viagem até sem maiores problemas. Passaremos pela França, Espanha e finalmente rumaremos para Lisboa. Tenho tudo acertado para integrar a próxima Carreira para as Índias. Partiremos de lá em meados de março a fim de alcançarmos as monções grandes que sopram nesse período, facilitando a passagem das embarcações pelo Cabo da Boa Esperança. Se tudo correr bem, não tendo que enfrentar possíveis hostilidades da natureza, como tempestades bravias ou ainda ataques de navios piratas é certo que chegaremos em Goa lá pelo mês de setembro. O retorno deve ocorrer entre dezembro e janeiro para, da mesma forma, aproveitarmos os ventos favoráveis, agora em sentido contrário. Dessa maneira, se tudo correr dentro da normalidade estaremos de volta em um ano e meio.

Samira arregalou os belos olhos verdes e assustada disse:

– Meu Deus! É muito tempo longe de meus filhos!

– Concordo – disse, calmamente, o capitão. – Não há outra escolha. E ainda teremos que pedir muito aos santos protetores, se é que você acredita, pois numa viagem como essa é quase impossível transcorrer tudo dentro da normalidade. Sempre alguns incidentes acontecem.

– Pedro – continuou Samira muito pesarosa – sinto que Deus irá me castigar pela minha escolha. Tenho certeza disso. Estou me comportando de forma cruel com eles, mas será que não posso ser feliz uma vez na vida?

– Eu prometo-lhe que após essa viagem às Índias retornaremos para buscar seus filhos. Serei o pai que eles não tiveram e quem sabe – falou com um sorriso maroto – aumentaremos nossa família com mais filhos.

Samira passou do ar de preocupação a um sorriso de imensa felicidade como nunca sentira. Abraçando o seu amado trocaram um longo e apaixonado beijo. Aquelas duas almas se completavam em tudo. Dificilmente alguém no lugar de Samira conseguiria renunciar a esse sentimento, até porque não era um abandono definitivo de seus filhos. Os longos beijos se estenderam por um longo tempo até que despertaram para a realidade de que havia muito ainda por fazer e o tempo tornava-se extremamente curto. Ao se despedirem, Pedro ainda aconselhou:

– Não parta sem antes conversar também com as meninas. Será muito pior agir dessa forma. Com elas conscientes de tudo e sabendo que estará logo de volta compreenderão e você poderá partir com a alma menos pesarosa.

– Vou pensar – respondeu Samira.

A tarde já começava quando Samira se reuniu com todos os filhos e Sophia e explanou sobre a viagem. As crianças ficaram radiantes em saber que logo sua mãe estaria de volta – não tinham ideia de tempo e tampouco tiveram a informação verdadeira de quando ela retornaria, por esse motivo só pensavam na aventura da viagem que fariam posteriormente para outras terras. Giovanni e Sophia, com quem ela já conversara na véspera, sabiam da realidade e tinham condições de compreender que a ausência de Samira seria muito longa, mas nada disseram às pequenas, poupando-as de aborrecimentos desnecessários.

Pedro fora muito cuidadoso quando Giovanni fora ao seu encontro explicando a respeito dos riscos que corria estando com uma elevada quantia em dinheiro. Orientara quanto ao sigilo absoluto que deveria manter sob pena de serem mortos por ladrões, caso esses sonhassem que ali, em sua humilde morada, encontrava-se essa fabulosa quantia. Pediu a ele que passasse esse recado na íntegra para a velha Sophia. Determinou que continuassem os trabalhos na comercialização de alimentos no porto para não despertar suspeitas daqueles que certamente dariam pela falta de sua mãe e buscariam a origem de onde estaria vindo o dinheiro para eles se manterem.

Giovanni ouviu tudo com atenção e percebeu que Pedro era de fato uma pessoa preocupada com a vida de todos eles. Isso fez com que sentisse uma admiração muito grande pelo capitão. Sonhava com o dia em que ele seria um viajante dos mares, assim como Pedro.

Com tudo organizado para a partida, Samira suspirou quando entrou na nau e foi acomodada na cabine do capitão que se localizava na popa da embarcação. Acatara as recomendações de seu amor e envolvera as crianças num abraço muito forte, prometendo que com sua volta a vida de todos seria bem melhor.

Pela escotilha do camarote em que fora alojada via a cidade que nunca deixara ficando para trás pouco a pouco. Chorava copiosamente a ausência de seus filhos, mas o amor por Pedro era muito forte. Dividida entre as duas situações achou melhor optar pela sua felicidade de mulher esquecendo, ainda que por algum tempo, os deveres de mãe.

Essa decisão iria trazer-lhe felicidade momentânea, mas acabava de assumir um compromisso que levaria séculos para resgatar.

> O homem tem necessidades reais e imaginárias. As primeiras são pertinentes ao processo de sua evolução.
>
> As outras são criadas pela sua mente, em artifícios para o gozo, o prazer.
>
> Não sabendo distingui-las ou não querendo compreendê-las, dá preferência, não raro, às secundárias, deixando de lado as essenciais.
>
> Concede caráter de primazia àquelas que dizem respeito aos sentidos imediatos, em detrimento daqueloutras que proporcionam as emoções duradouras.

> *Momentos de alegria,* Joanna de Ângelis,
> psicografado por Divaldo P. Franco, LEAL EDITORA[1]

---

1. Nota da editora: o trecho citado foi incluído pelo médium.

CAPÍTULO II

A PARTIDA

SAINDO DO GOLFO de Gênova numa tarde fria de começo de inverno no Hemisfério Norte, a embarcação, moderna para a época, desenvolvia uma velocidade de aproximadamente 4 a 5 nós por hora, enfrentando um mar calmo e tranquilo como se apresentava o Mediterrâneo naquela quarta-feira, cuja temperatura das águas já era um prenúncio da onda de frio que chegava ao continente europeu.

Samira fora acomodada na cabine do capitão, um camarote que se localizava na popa da nau. Eufórica como uma adolescente, desfrutava sozinha do belo espetáculo que assistia através de uma escotilha da cabine, observando o movimento das águas e a cidade que ia ficando cada vez menor no horizonte distante. Pedro, nesse momento, orientava e acompanhava cada detalhe do início da viagem a fim de que sua nau não sofresse qualquer falha ou contratempo e pudesse o mais rapidamente possível deixar cada membro da tripulação bem adaptado a sua função e assim desenvolver tudo dentro da normalidade com destino a sua terra querida, Lisboa.

Enquanto seu amor não retornava para lhe fazer companhia, Samira continuava contemplando a terra que ia ficando cada vez mais ao longe. Sua Gênova querida, berço da existência atual, lhe trazia tudo de bom e ruim que houvera ocorrido em sua agitada vida. Agora, a felicidade de acompanhar a pessoa que se tornara dona de seu coração, motivo maior de sua felicidade de mulher, na verdade era um contraste de sentimentos, pois com a ausência dos filhos, a tristeza se fazia também presente através das copiosas lágrimas que insistiam em correr de seus belos olhos verdes, deixando a confusa mãezinha envolta em seus conflitos existenciais tão próprios dos seres humanos que habitam o planeta Terra e de repente se veem numa encruzilhada sem saber qual caminho seguir.

Absorta em seus pensamentos imaginava como Giovanni e Sophia se sairiam na longa e árdua tarefa de administrar os recursos que receberam de Pedro. Do sucesso no trabalho dos dois dependeria a vida de cada um dos entes queridos que ficaram. "Como o tempo seria longo até a volta!", refletia.

De repente sua atenção se voltou novamente para terra firme. Com o passar das primeiras horas ia percebendo, numa visão do litoral genovês, como tudo aquilo era tão pequeno diante da grandeza de Deus, pois

A ESCOLHA DE SAMIRA | 31

mais se assemelhavam a um quadro, daquelas pinturas que tanto via de artistas que quase sempre chegavam a Gênova.

Movida por pensamentos de saudades viajou ao tempo em que seus genitores eram vivos. O paizinho amoroso que tivera, mas que a guerra levara embora para longe tão cedo. A mãezinha dedicada e carinhosa que tudo fazia por ela. "Tempos bons", pensava, onde era o centro das atenções no lar em razão de ser a única filha mulher e ainda a caçula. Com a morte do pai, a mãe que era um anjo na Terra perdera a vontade de viver. Infelizmente, os filhos, com exceção de Samira, não tiveram a sensibilidade de perceber o quanto o golpe fora duro e acabou tornando-se fatal na vida de Isabel, a mãe.

Assim, a filha, apesar da pouca idade era a única fonte de consolo e compreensão em seu infortúnio, por estar sempre ao seu lado cobrindo-lhe de carinhos e atenção.

A trajetória da existência atual de Samira sofreria rapidamente o segundo grande golpe. Em menos de um ano da morte do pai, sua doce e amorosa mãezinha também partiria precocemente para o além. Sentira-se irremediavelmente abandonada aquela criança. Os irmãos, que na grande maioria invejavam-lhe a condição de preferida dos pais, pouca importância lhe davam. Foram cinco anos de uma sofrível vida de miséria moral e uma quase escravidão, uma vez que recebia toda espécie de maus-tratos e ainda fora obrigada a se tornar a mulher da casa, cuidando dos trabalhos domésticos no que se referia a cozinhar, limpar, enfim, tornou-se uma empregada daquelas cinco almas rudes e destituídas de quaisquer sentimentos que permitisse a sua aproximação.

Diante desse quadro, a menina que tinha tantos planos em seus sonhos, já que fora educada na base do verdadeiro amor pelos pais dedicados, vira-se de um momento para outro na orfandade e abandonada pelo destino.

Vivendo uma situação tão hostil e sem qualquer tipo de carinho tornara-se presa fácil nos planos de Jerônimo que habilmente lhe conquistara a confiança, oferecendo constantemente agrados e todo tipo de atenção.

Em pouco tempo, com a negligência dos próprios irmãos em cuidar da vida da pequena adolescente, esta se viu totalmente envolvida na teia preparada meticulosamente pelo velho lenhador.

Em seus sonhos de menina moça não era isso que esperava para seu futuro, mas em sua ingenuidade imaginava que não poderia haver nada pior que a vida que levava junto àquela família tão desarmonizada desde a morte de seus pais.

A sua primeira escolha fora um grande equívoco. Saíra da escravidão dos irmãos para se tornar a mulher que apenas servia para satisfazer os apetites sexuais do tosco Jerônimo.

Em pouco tempo viria perceber que da escolha errada nem tudo era perdido. Giovanni, o primeiro filho, seria o companheiro, o amigo único para ela assim como ela fora para sua mãe.

Com os olhos perdidos no horizonte, observando as primeiras sombras da noite que chegavam pra cobrir tudo naquele mar já tão distante da terra, nem percebeu a entrada de Pedro que já de algum tempo a observava, feliz da vida por finalmente poder passar os tão sonhados primeiros momentos junto à alma querida.

– O que passa por essa cabecinha preocupada? Seriam os primeiros sintomas da ausência dos filhos? – perguntou Pedro alegre e inteiramente ansioso pelos primeiros beijos da viagem.

Samira virou-se surpresa e assustada uma vez que estava com o pensamento distante. Mas feliz pela presença do amor de sua vida procurou recompor-se, rapidamente, trazendo aos lábios o doce sorriso que cativava mais que qualquer coisa aquele bravo capitão.

– Não, meu amor – respondeu demonstrando a felicidade que o moço lhe trazia sempre. – Apenas observava minha terrinha sumindo cada vez mais de vista. Nunca imaginei que fosse assim tão pequena minha Gênova querida – e fazendo um gesto com o polegar e o indicador completou gargalhando: – Olha o quão pequena é minha cidade.

Pedro sorriu vendo a felicidade de sua princesa e abraçando-a fortemente, beijou-a apaixonadamente como sempre fazia.

Samira imediatamente deixou o país do sofrimento que lhe espicaçava a alma entrando rapidamente na terra dos sonhos, conhecida por todos os apaixonados.

"Ah, como seria bom", pensava, "se tudo se resumisse naqueles momentos. Como na presença de Pedro tudo era felicidade. Bastava seu olhar para que tudo se transformasse em flores. Por que ele não aparecera dez anos antes? Por quê?".

Tudo que ela sonhara nos agitados e sofridos tempos da adolescência somente agora se concretizara. Quando seus mais doces projetos pareciam já irremediavelmente perdidos e nem contava mais com a possibilidade de encontrar alguém que a fizesse feliz, tudo mudara como um vendaval em sua vida.

Em pouco tempo esses pensamentos desvaneceram e tudo naquela cabine respirava paixão e os dois amantes se entregavam de tal maneira que parecia não se ver há séculos. Na realidade da vida eterna de espíritos era exatamente isso que ocorria. Fisicamente não lhes fora facultado o reencontro há pelo menos duzentos anos. Não havia como controlar aqueles sentimentos represados por um período tão longo.

Aquela primeira noite na embarcação seria vivida nesse ritmo. Palavras só de carinho, sussurros de muito amor e paixão, transbordando de prazer no reencontro dessas duas almas tão sofridas que se entregavam completamente a fim de suprirem toda a carência que o tempo marcara em suas vidas.

Pedro era de fato um grande conquistador junto às mulheres. Em todos os portos aonde chegava rapidamente estava cercado pelas mais belas mulheres. Mas nesses casos era tudo apenas prazeres da carne. Nenhuma delas, no entanto, tinha o poder de lhe prender por muito tempo. Nunca se ligava afetivamente. Parece que em sua busca frenética tentava reencontrar o amor do passado, mesmo que inconscientemente. Sempre terminava por entender que não nascera para casamento, filhos, família e toda essa rotina.

Desde muito jovem se ligara às grandes viagens marítimas. O mundo era um grande enigma, sempre uma nova descoberta, e com as mulheres agia da mesma forma. Sempre em busca de novidades. Acabava se cansando muito depressa. Quantas ficaram nos mais longínquos portos a sua espera? A promessa de retorno nunca fora cumprida. Algumas certamente com filhos no ventre, filhos que ele com certeza nem sabia da existência.

Enfim, sua vida era esse constante ir e vir. Assim era a forma como se divertia e levava a vida. Até seus próprios marinheiros, grumetes e toda tripulação de um modo geral tinham-lhe o maior respeito, pois em terra era mais um amigo de farras constantes nos bordéis das mais diferentes cidades, das bebedeiras sem fim. Mas em contrapartida, ao colocarem os pés na embarcação, tudo mudava de figura. Da água para o vinho. Melhor dizendo, do vinho para água. Literalmente. O comandante não permitia qualquer deslize moral de sua tripulação dentro da nau. Não tinha o menor constrangimento em punir severamente aqueles que transgredissem a lei. Em terra podiam tudo, mas dentro da embarcação a conversa era outra. Responsabilidade e seriedade, e todos que o conheciam não vacilavam nesse sentido. Os novatos que não levavam a sério as orientações nesse aspecto pagavam caro pelo descaso.

Nas viagens muito longas, aquelas em que os tripulantes sofriam de carência sexual, poderiam ocorrer casos de estupros envolvendo marinheiros com alguma passageira desavisada que teimasse em sair sozinha pela embarcação. Nos cantos mais escuros da nau moravam os maiores perigos. Em sua embarcação essa atitude era punida com a morte do criminoso. Não havia contestação quanto a isso. Previamente acertado com o meirinho, responsável pelas penas e aplicação dos castigos, não havia recurso algum que pudesse mudar essa decisão.

Inevitavelmente pelo ciúme, sempre presente no amor de dois seres apaixonados, isso viria à tona quando Samira interrogou, ainda que em forma de brincadeira, quantas mulheres haviam estado ali na cabine com Pedro.

– É a primeira e única – respondeu de forma enérgica o português.

Samira soltou uma sonora gargalhada afirmando em tom zombeteiro:

– Conte outra Pedro. Espera que eu vá acreditar nisso? Por certo já perdeu a conta de quantas trouxe em viagem nesta cabine.

Pedro, com ar muito sério, contrapôs:

– Senhora, não a tomo por uma mulher qualquer. Não nego que me divertia muito com as raparigas em cada porto onde ancorava a Santa Mônica (nome da nau), no entanto, considero-lhe como esposa que nunca tive. Sinto por você algo que nunca esteve presente em meu coração. E isso tem uma enorme força. Trouxe-lhe para meus aposentos nesta cabine porque pretendo tão logo desembarquemos em Lisboa procurar as autoridades da Igreja para celebrar nosso casamento. Em minha embarcação não tolero desordens ou comportamentos que desrespeitem a lei.

Samira ficou ruborizada de vergonha pela brincadeira e ao mesmo tempo tomada pela emoção em ouvir palavras que nunca lhe sensibilizaram tanto, vindas de um homem que a desejasse. Abraçando-se a Pedro beijou-lhe delicadamente em sinal de gratidão àquela verdadeira declaração de amor.

Envolvida pelo clima de carinho abriu sua alma contando-lhe parte de sua história, não entrando em detalhes quanto ao relacionamento com Jerônimo.

Pedro, também, vítima do ciúme que lhe invadia o coração somente em pensar que Samira fora de outro, ou de outros, nervosamente fez a pergunta que não sabia ao certo se gostaria de ouvir a resposta.

– E você? Esteve com muitos homens?

Samira irritou-se com a pergunta, principalmente pela maneira como foi formulada.

– O que pensa a meu respeito? – falou descontrolada. –

Tive a infelicidade de estar com apenas um homem, que foi o pai de meus três filhos, e não fosse por eles garanto-lhe que nunca desejaria ter conhecido o sexo, principalmente com um homem como Jerônimo que era um bruto, mas em minha tolice de menina pensava encontrar a paz ao lado de alguém que pelo menos me respeitasse.

Pedro ao ouvir o relato ficou possesso de ciúmes interrompendo o desabafo de Samira.

– Mostre-me esse monstro e serei capaz de matá-lo.

– Calma, meu amor – disse Samira – o que passou, passou. Agora é tempo de aproveitarmos nossos dias e essa felicidade que demorou tanto para chegar até nós. Esquece Jerônimo.

– Nunca mais me fale esse nome – quase aos gritos falou revoltado. – Doravante seremos somente nós dois, o passado acaba de ser apagado, entendeu?

Samira compreendeu o tamanho da mágoa que ia no coração da pessoa amada e agindo com muito carinho e pronunciando as palavras mais doces, sepultava de vez o passado triste de sua vida que tanta infelicidade trazia a ambos.

Não perceberam o tempo passar, mas a primeira noite do feliz casal avançava pela madrugada da quinta-feira.

Ao acordar pela manhã o sol já ia alto e Pedro já não estava ao seu lado. Havia partido sem que ela percebesse logo pela manhãzinha, movido pelos compromissos no comando da embarcação.

Ela levantou-se e olhando pela escotilha certificou-se de que havia dormido bem além do normal. Observando a paisagem já não via o menor sinal de terra. Somente o mar azul a sumir de vista.

Novamente lhe veio à mente a lembrança dos filhos e ao mesmo tempo os agitados sonhos onde se via entre a felicidade do amor realizado e os pequenos já tão distantes. Leves batidas à porta cortaram bruscamente seus pensamentos.

Era a camareira que vinha, a mando de Pedro, lhe trazer o primeiro desjejum da viagem.

Por parte de Pedro havia a recomendação expressa de nunca se afastar da cabine sem que fosse com ele. Logicamente se toda a tripulação soubesse quem era Samira não haveria o que temer, mas Pedro optou por não divulgar qualquer informação a respeito. Com exceção de seu intendente, da camareira e de seus auxiliares mais diretos, não fez qualquer comentário sobre a presença de Samira em sua nau.

Assim, aquele dia e também o dia seguinte passaram tão rapidamente quanto o movimento das águas do Mediterrâneo.

No final da tarde de sexta-feira já se aproximavam da primeira parada que a nau Santa Mônica faria.

Marselha, o porto francês, um dos mais importantes da Europa já estava tão próximo que Samira deslumbrada não desgrudava os olhos de seu posto de observação.

"Como seria a nova terra?", pensava consigo.

Em pouco tempo já ouvia todo o rebuliço da tripulação, os gritos de cada um dos responsáveis em cada tarefa para atracar a nau.

Pedro naquela tarde não se fizera presente como ocorrera nos dois primeiros dias.

A moça, ansiosa já não aguentava de tanta preocupação. O que teria ocorrido?

Como é natural nessas situações toda gama de pensamentos desfavoráveis agitavam sua mente, um comportamento muito comum nos seres apaixonados.

Será que ele não voltaria mais? Teria ela o magoado de alguma forma? E se algum acidente tivesse ocorrido com Pedro?

A preocupação e ansiedade eram tamanhas que pensou em abrir aquela porta e sair pela nau a sua procura mesmo que isso, contrariando as ordens do amado, trouxesse grandes aborrecimentos.

Para sua infelicidade, a ausência dele iria se prolongar até as primeiras horas do sábado.

Quando a serviçal veio lhe trazer o jantar não teve como não perguntar:

– Viu o comandante?

Em sua humildade e temerosa de qualquer punição, pois raramente lhe dirigiam a palavra, a não ser para expedir ordens de serviços e geralmente em tom nada amistoso, a camareira limitou-se a balançar a cabeça negativamente, para desespero de Samira.

Após o jantar, onde pouco comera, procurou deitar-se e com o balanço da embarcação tentou encontrar o sono, mas isso agora era impossível de acontecer.

Depois de muito virar-se no leito conseguiu cochilar alguns poucos minutos no que foi despertada com a porta se abrindo bruscamente. Tomada pelo medo, uma vez que o ambiente era muito escuro, já ia gritar quando ouviu uma voz carinhosa:

– Sossegue, aqui está segura. Somente eu e sua camareira podemos entrar.

– Pedro! – exclamou feliz e aliviada, mas não deixou de demonstrar sua mágoa pela ausência prolongada do moço.

– Quer que eu morra de preocupação? Por que não apareceu a tarde toda? Some assim e nem me fala.

Pedro esclareceu a necessidade que tivera em conduzir todo o processo para ancorar a nau, a rotina que havia em relação ao acerto com as autoridades do porto, práticas de praxe sempre que chegavam aos portos em terras estrangeiras.

Entendeu toda a preocupação de Samira e por isso logo seus beijos e carinhos acalmaram o coração agitado de sua namorada.

– Compensar-lhe-ei levando-a a conhecer as belezas de Marselha nos próximos dias – falou orgulhoso e seguro para agradar a jovem.

Samira sentia-se no paraíso com tantos mimos, coisa que nunca tivera na vida. Tinha um homem que poderia dizer com segurança, era o homem de seus sonhos e o que era melhor: completamente apaixonado e aos seus pés.

Pedro estava cansado do final de tarde agitado e com todo o trabalho para atracar sua embarcação em solo francês, mas para sua amada tinha toda a disposição do mundo e assim, após se amarem ainda havia muita disposição para conversarem longamente mesmo com a manhã do sábado praticamente despontando.

Então lhe contou da profecia que ouvira de um velho hindu numa de suas diversas viagens a Goa. Acabara se tornando muito amigo desse sábio ancião.

Dissera-lhe o pequeno hindu, há muitos anos, que haveria de encontrar o seu grande amor numa cidade de mar fechado. Pedro obviamente não acreditara nisso apesar do enorme respeito que tinha por aquele senhor. Tanto era assim que em suas viagens, quando se sentia em perigo, principalmente nas terríveis tempestades, não recorria a Deus ou aos santos como era comum a todos que estavam na embarcação. Ao contrário dos demais, naqueles momentos difíceis vinha a sua mente a imagem do hindu. Não sabia explicar como, mas a presença do sábio ao seu lado era fortemente sentida e acatava aquelas indicações que pareciam vir desse ser trazendo solução para todos os entraves que ocorriam nessas oportunidades.

Nunca comentara isso com ninguém. Sentindo confiança total em Samira resolvera compartilhar com ela a história.

– Que coisa! E você nunca mais o viu? – perguntou Samira.

– Uma vez ele me disse que viria comigo na embarcação, desde essa época nunca mais o vi. Mas você não imagina o mais incrível fato que ele me disse.

– Conta – falou curiosa.

– Ele disse-me que em vida anterior eu teria sido lugar-tenente de um grande cavaleiro que atuara na expulsão dos mouros na Península Ibérica, defendendo o Reino de Leão e Castela. E o mais incrível: a moça que eu viria a encontrar nessa vida teria sido minha prisioneira de guerra. Era moura, mas nos apaixonamos e vivemos um grande romance.

Deslumbrada e de olhos desmesuradamente abertos, Samira disse:

– Impressionante! Meu pai era egípcio e tenho uma admiração muito grande por aqueles povos. Teríamos já existido, meu amor? Você acredita nessa ideia?

– Tenho minhas dúvidas quanto à multiplicidade de vidas, mas digo-lhe que essa crença nas Índias é tão comum como comer, beber e andar. E como não acreditar diante desses fatos que acabam de acontecer conosco? Seria tudo obra do acaso?

Samira disse:

– Diante de tudo isso, você falando dessa previsão por parte do hindu, não tem como explicar de outra forma. Meu pai acreditava na reencarnação. Minha mãe muito religiosa, não comungava a mesma crença e achava até uma heresia falar disso.

A agradável conversa e os fatos, que aos olhos deles mais pareciam fantasia, foram ganhando um toque de realidade e logo adormeciam felizes e em seus sonhos se viam nas vidas passadas na Espanha.

Samira fazia como que uma viagem no tempo contemplando Pedro, envolto por uma armadura dos cavaleiros medievais, indo sorrindo ao seu encontro e libertando a moça da prisão em que se encontrava.

Ao mesmo tempo observava sua mãe estendendo-lhe as mãos num gesto de contentamento por ver a filha finalmente vivendo um momento de muita felicidade, apesar do alto preço que isso lhe custaria.

Os sonhos se sucediam como nunca. Agora via Giovanni e as duas filhas. Ângela parecia-lhe zangada por algum motivo e Giulia chorava, o que lhe transmitia toda a preocupação pela longa distância que os separavam.

O sol já estava muito alto quando o casal despertou naquela manhã.

Pedro se deu ao luxo de permanecer em sua cabine por muito mais tempo. Tranquilo, sabia que a nau agora atracada em porto seguro mostrava estar tudo sob controle.

Dali a pouco sairia com seu amor a passear pelas belas terras francesas.

CAPÍTULO III

EM GÊNOVA

VOLTEMOS A GÊNOVA, uma semana após a partida de Samira para ver como estão Sophia e as crianças.

Nos primeiros dias toda a euforia e os planos de partir para novas terras assim que a mãe retornasse foram substituídos pela dura realidade em suprir a falta de Samira naquele lar. Como trabalhava aquela criatura e não havia como executar todas suas tarefas num espaço tão curto de tempo.

Sophia, em idade avançada, já sentia que não iria aguentar aquele ritmo até a volta da patroa.

As crianças rapidamente davam os primeiros sinais da falta da prestimosa mãezinha.

Giovanni, apesar de ser o mais ligado à mãe, era o que menos sentia sua falta.

Havia no porto vários amigos do menino que contavam as aventuras daquelas longas e perigosas viagens pelos desconhecidos oceanos. Os olhos do garoto brilhavam ao imaginar-se participando de uma excursão destas. Como era inteligente e fazia parte de seus sonhos engajar nesse trabalho, traçava seus planos habilmente para assim que sua mãe retornasse, pudesse partir numa daquelas embarcações rumo a tão sonhada aventura de conhecer o mundo.

Dessa forma, a ausência momentânea de Samira nada mais representava que um treinamento de sua parte para acostumar-se mais facilmente à separação que teria que se submeter.

Interessado que era, estava sempre atento junto aos clientes de seu comércio a fim de angariar a simpatia e a confiança dos vários capitães que ali aportavam. Como a procura por homens interessados nos trabalhos envolvendo as viagens marítimas naqueles dias era muito grande, tendo em vista o enorme movimento que experimentava as expedições dedicadas a esse fim, contratavam crianças mesmo, na falta de adultos, as quais eram submetidas aos trabalhos desumanos no interior das naus.

Obviamente que Samira não gostaria de ver seu filho querido se aventurar por esses caminhos perigosos.

Havia perdido o pai para a guerra, a mãe em decorrência do mesmo fato. O amor maior de sua vida só não perdera porque resolvera acompanhá-lo, mas isto lhe custara a dolorosa separação, ainda que por pouco tempo, dos filhos. Essa opção, sem que percebesse, fora um enorme passo em favor da escolha de Giovanni.

Quanto às meninas, a que mais sentira a partida da mãe fora a pequena Giulia. Ainda muito criança e extremamente dependente da mãe, só não adoecera em razão da carinhosa assistência por parte de Sophia, com quem se apegara de há muito tempo.

Embora fosse uma criança debilitada fisicamente, uma vez que crescera tendo apenas a mãe ao seu lado já que o pai, irresponsável, jamais se fizera presente demonstrando total desinteresse pelo destino dos filhos, ela sobressaía-se entre os irmãos por ser a mais dócil e carinhosa com todos.

Em relação a Ângela, a filha do meio, a situação era totalmente inversa. Via-se logo pelo gênio que daria muito trabalho à mãe.

Revoltada e muito vaidosa, apesar de contar apenas 9 anos de idade, já tinha em mente cuidar da própria vida o quanto antes, demonstrando forte interesse em logo encontrar um namoradinho.

Com certeza a perspectiva de novos rumos na vida de todos conforme promessa de sua mãe, assim que retornasse da viagem, havia lhe abrandado um pouco o gênio rebelde, mas isso seria por pouco tempo.

Naqueles tempos, uma menina como ela, próximo de entrar na adolescência, não sendo bem cuidada e protegida pela família se tornaria presa fácil dos homens de má índole como já ocorrera com Samira.

Ângela era uma menina extremamente bela. A cabeleira loura herdara de sua avó materna, Isabel. Os olhos eram de um azul muito forte, o que encantava a todos que dela se aproximassem. Seu comportamento introvertido era o que destoava de tudo que herdara da avó.

Por tudo isso havia uma recomendação especial por parte de Samira a Giovanni e Sophia para que redobrassem os cuidados junto à menina naquele período de sua ausência de casa.

Assim, raramente os dois responsáveis permitiam a sua saída de casa, a não ser que fosse acompanhada por um dos dois.

Sophia, exausta pelos afazeres, planejava contratar alguém para auxiliá-la nas tarefas.

Havia uma moça na vizinhança, de seus 17 anos aproximadamente, com a qual Sophia sempre se encontrava em suas andanças, e imaginava ser a pessoa certa para a vaga.

Plotina, a quem Sophia imaginava contratar para os trabalhos em casa, não era exatamente uma pessoa de bom caráter.

Sempre invejara Samira e essa jamais notara sua presença na região. Até porque pouco se relacionara com seus vizinhos, uma vez que o excesso de trabalho pouco permitia algum tempo livre. Saía cedo e voltava à noite nesses últimos sete anos.

Sophia, conquanto já tivesse ultrapassado as 50 primaveras não tinha a malícia própria de pessoas nessa fase da vida. De muito boa formação imaginava todas as pessoas com a mesma pureza d'alma de que era possuidora.

Fora parar naquela vida de moradora de rua por uma fatalidade muito grande.

Viera ainda criança para Gênova. Os pais vieram de Florença, trazidos por parentes que lhes ofertaram uma boa participação em negócios rentáveis em Gênova.

Em pouco tempo, graças ao bom trabalho realizado, a família prosperou a olhos vistos.

Tendo uma vida faustosa, proporcionada pelos pais, jamais se preocupara com o futuro.

Infelizmente, numa das costumeiras épocas em que surgiam doenças que eram verdadeiras pestes e dizimavam cidades inteiras, teve a infelicidade de perder quase toda a família.

Os parentes de seus pais que sobreviveram optaram por deixar a cidade.

Ela e dois irmãos resolveram ficar na cidade e dar andamento no negócio dos pais.

Como era totalmente despreparada para a tarefa administrativa e com a morte ainda rondando a cidade e levando seu irmão mais velho, ocorreu a bancarrota.

O irmão que sobrara, vítima da fama de pertencer a uma família abastada, acabou assassinado por ladrões e assim Sophia se viu totalmente abandonada num tempo muito curto e rapidamente não lhe restava mais nada do que possuía, a não ser as enormes dívidas que acabou por penhorar todos os bens materiais em nome da família. Dali para a miséria total fora questão de poucos meses.

Vivera por mais de 20 anos da caridade alheia até encontrar o verdadeiro anjo que lhe restituiria a dignidade: Samira.

Com ela pôde novamente ter um lar, uma família e refeições regulares todos os dias. Cansada da vida nas ruas nem saberia entender como conseguira sobreviver por tanto tempo.

A verdade é que algo muito mais forte e perfeito conduz nossos passos pela vida sem que, na maioria das vezes, sequer atentemos para isso.

Isabel, a mãe de Samira, desde que se adaptara ao mundo espiritual tornara-se uma protetora para Sophia, pois na mocidade, sem que Samira ou Sophia soubessem, fora salva, juntamente com seus pais, pela bondade dos pais de Sophia.

Assim, pela gratidão que nutria por aquela família, tornara-se um anjo protetor acompanhando e ajudando em espírito a vida da mendiga. No momento certo, orientada pelos seus protetores, promovera o encontro de sua filha com Sophia. Isabel, aliás, muito protegia a todos de sua família.

Tentara de todas as formas induzir Samira a outra decisão que não fosse a viagem. Infelizmente o ser humano quando vive um momento de paixão não ouve nem que seja o coro de mil vozes a lhe orientar no caminho mais racional.

Dessa maneira, vendo que não teria como dissuadi-la de seus objetivos, amenizara as consequências intuindo

Pedro no sentido de prover no aspecto financeiro àquela família.

Sua tarefa nesse momento era convencer Sophia do perigo que representava a vinda de Plotina para aquele lar.

Os dias seguiam difíceis para aquele grupo familiar.

A decisão de Samira trouxera, muito mais do que imaginara, o desequilíbrio e os riscos de perdas irreparáveis naquela família.

Embora falasse sempre a Sophia, através da intuição pelo pensamento, viu que seria inútil, pois ela não percebia nada.

Mudando de estratégia entendeu que melhor seria abordá-la durante o sono e assim com imagens sendo fixadas em seu cérebro talvez produzisse um melhor efeito.

Naquela noite Sophia foi levada em espírito ao encontro de sua genitora e também de Isabel para que, recebendo as orientações de Samira, pudesse mudar o rumo dos acontecimentos quanto a vinda de Plotina para aquela casa.

Semiadormecida apenas o suficiente para lhe fixar a mensagem, ouviu de sua protetora o seguinte:

– Cara Sophia, uma flor por mais bela lhe pareça pode guardar em seu interior elementos altamente nocivos à nossa vida, como um veneno mortal, por exemplo. Plotina não é a pessoa certa para ser colocada junto a você e meus netos. Apesar de demonstrar carinho e afeto pelo bem-estar de vocês, comporta-se na realidade como uma astuta serpente a serviço do mal. Afaste-se dela, pois sua admissão aos serviços do lar da família acarretará compromissos pesadíssimos que levarão séculos a serem corrigidos.

Sophia quase não entendia nada, mas perguntou em estado de sonolência:

– Quem é nobre senhora? Uma santa que desce dos céus para nos proteger?

– Não, minha querida Sophia. Tenho os maiores sentimentos de gratidão a você e sua nobre família pelo muito que me favoreceram quando em vida na Terra. Todavia, não se preocupe quanto a isso. Não se prenda a mim ou a minha imagem tentando entender o que ainda não pode conhecer. Cuide com carinho das crianças e apenas use de sua experiência na existência atual para não dar o passo errado e vir a agravar ainda mais os débitos de Samira junto aos pequenos.

Sophia ajoelhou-se e em prantos tomando a velha matrona nimbada de luz por alguma entidade da Igreja Católica, só conseguiu dizer:

– Proteja-nos, abençoada santa que vem até nós com tanto amor.

Dito isso praticamente caiu desfalecida, sendo em seguida reconduzida ao leito pelos companheiros espirituais que a trouxeram.

Preocupada com a filha, a mãe de Sophia que estava em posição espiritual muito inferior a Isabel, perguntou:

– Querida benfeitora, haverá por parte de minha filha a lucidez necessária para ao acordar no corpo físico, lembrar-se de tudo e seguir os caminhos indicados?

Isabel respondeu amorosamente:

– As criaturas na Terra ainda não têm o entendimento necessário para aceitar e compreender o fenômeno da morte. Você pode perceber que sequer ela notou sua presença de maneira clara. Voltará pela manhã, ao acordar, à vida cotidiana, mas ao que tudo indica permanecerá com esse encontro na mente, mas de forma figurada como é comum aos encarnados. Todavia, é importante observar que decisões e avaliações nesses casos variam de pessoa para pessoa. Esperamos que Sophia reflita e possa ter fixado o essencial desse nosso encontro. Continuaremos por perto a fim de auxiliar em todos os pontos que se fizerem necessários.

– Gostaria tanto de ajudá-la – falou a mãe aflita e comovida.

– Por ora isso é tudo que poderemos oferecer a nossa querida Sophia. Tenhamos fé e aguardemos os acontecimentos. Nada acontece sem a permissão do Criador.

Pela manhã Sophia acordou preocupada não só pelas responsabilidades que lhe caíam às costas como também tentando entender o sonho que tivera.

Chamou Ângela e passou a contar seu sonho.

– Minha criança – disse alegre – sonhei com você essa noite.

Ângela sorriu e como em casa seu comportamento não era tão introvertido brincou com Sophia caçoando:

– Verdade? E o que estávamos fazendo? Por acaso seria a viagem com mamãe?

– Não, meu amor. Em meu sonho você tinha um rosto

de santa – lembrando que a aparência de Ângela era uma cópia de sua avó, por isso a confusão de Sophia. – Lembrando-me melhor, você era uma santa e me dizia que uma cobra queria me atacar. Antes me ofereceu uma bela flor, mas dentro da flor havia uma abelha que injetava veneno em minha mão.

A menina riu da narrativa de Sophia e disse:

– Ah! querida Sophia, acho que está ficando muito velha. Quisesse dar-lhe uma flor, jamais deixaria uma abelha presa para ferir-lhe.

– Eu sei, minha criança, mas esse sonho deixou-me com a ideia de um mau agouro. Não sei o que é, mas algo de ruim vai acontecer.

– Sophia! – exclamou assustada a garota. – Não poderia ser algo de mal a acontecer com mamãe?

– Não, minha filha, – percebendo que sem querer colocara preocupação na cabeça da criança procurou disfarçar – sua mãe está bem e em breve estará conosco, pode acreditar. Foi apenas um sonho esquisito como tantos outros.

E tentando mudar o rumo da conversa perguntou à pequena:

– E você? Não sonhou com nada?

– Ah! Sophia – respondeu triste – sonhei com mamãe. Ela corria ao nosso encontro, mas por mais que nos esforçássemos nunca conseguia tocar suas mãos nas nossas. Era como se tivesse caindo de uma torre muito alta e mamãe esticava os braços o máximo que podia, mas nunca me alcançava. Giulia chorava o tempo todo e Giovanni nem se preocupava. Ria a valer e corria de todos nós.

– E eu? – perguntou a velha Sophia – não estava em seu sonho?

– Você tinha viajado para muito longe. Mamãe perguntava por você, mas eu só me preocupava em agarrar a mão dela e queria também proteger Giulia que estava tão desesperada.

Chamando Ângela para a cozinha, Sophia começou a preparar a alimentação da manhã para os quatro.

– Venha, meu anjo. Vamos cuidar da nossa vida, pois os dias têm sido corridos e muito curtos para tantos afazeres. Venha se alimentar que logo sua irmã acorda e com certeza, aí, sim, irá chorar de verdade – falou sorrindo.

Com uma gostosa gargalhada a criança concluiu:

– Como sempre, a chorona da casa.

As duas continuaram a conversa, agora entrando em outros assuntos e Giovanni logo aparecia para dar início a mais um dia de trabalho.

Sophia ficara com o essencial do encontro noturno:

A preocupação de que algo errado e perigoso poderia acontecer, mas não conseguia atentar para exatamente o que seria.

Assim que visse Plotina com certeza o sonho lhe viria à memória na forma de uma intuição.

Restava saber como reagiria diante dessa intuição.

Prevaleceria a sua costumeira bondade, mas nublada pela ingenuidade ou teria a esperteza necessária para ligar os fatos e entender que a moça era portadora de um comportamento muito perigoso?

O melhor seria aguardar e seguindo o conselho de Isabel: vigiar e orar.

Ainda nos dias atuais é muito comum a pessoa escolher a religião por uma simples opção, algo como uma obrigação social ou ainda aquela que nos promete resolver todos os nossos problemas, principalmente quando vem acompanhada de um "representante de Deus", que é o nosso guia infalível, e do qual passamos a depender em tudo. É muito fácil ter a quem recorrer na busca de solução para tudo, quando na verdade o responsável por nossas decisões na Terra somos nós mesmos. Aqui chegamos sozinhos sem uma única peça de roupa, mas graças ao amor daqueles que nos acolhem aprendemos tudo que precisamos para sobreviver. Aqueles que despertam para a responsabilidade vão à luta e vencem todos os obstáculos.

Em contrapartida, aqueles que se acomodam elegem um padre, pastor ou guru de algum segmento mais espiritualista para tomar todas as decisões de sua própria vida. Logicamente que pessoas com tal comportamento saem daqui apenas com o próprio conhecimento que tinham quando aqui chegaram.

Agora imaginem uma pessoa comum vivendo no século XVI, sendo mulher, com todos os tipos de preconceitos lhe dificultando a vida, como se sentiria ao ser envolvida em toda essa gama de problemas?

A ESCOLHA DE SAMIRA | 57

O que somava a favor de Sophia era sua bondade nata. Estava sempre ligada aos bons orientadores de outros planos da vida, mas a decisão final quanto aos fatos em que se envolvia, cabia única e exclusivamente a ela.

Logo saberíamos em que direção aquela família seguiria em relação à linha da vida.

A proteção divina nunca nos falta, mas levando-se em conta que quando encarnados na Terra não somos marionetes, compete a cada de nós ao menos escolher nossos caminhos.

Como todos sabem, a vida é feita de escolhas.

525. Os espíritos exercem influência sobre os acontecimentos da vida?

Seguramente, pois que te aconselham.

525a. Exercem essa influência de outra maneira, além dos pensamentos que sugerem, ou seja, têm uma ação direta sobre a realização das coisas?

Sim, mas não agem nunca fora das leis naturais.

Comentários de Allan Kardec:

Imaginamos erroneamente que a ação dos Espíritos deve manifestar-se apenas através de fenômenos extraordinários. Gostaríamos que nos viessem ajudar com milagres, e sempre os representamos providos de uma varinha mágica. Não se trata disso; e essa é a razão pela qual sua intervenção nos parece oculta, e o que se faz com seu auxílio nos parece tão natural. Assim, por exemplo, eles provocarão o encontro de duas pessoas, que parecerá ter se dado por acaso; inspirarão a alguém o pensamento de passar por tal caminho; chamarão sua atenção sobre tal ponto, se isso levar ao resultado que almejam; de tal maneira que o homem, acreditando seguir somente seus próprios impulsos, conserva sempre seu livre-arbítrio.

O Livro dos Espíritos, Allan Kardec, Trad. Matheus Rodrigues de Camargo, Editora EME[2]

---

2. Nota da editora: o trecho citado foi incluído pelo médium.

CAPÍTULO IV

Visita inesperada

Os dias passavam voando para Samira e Pedro. No entanto, ao ficar sozinha em sua cabine, o processo se invertia. Quando vinham os momentos de reflexão, eram totalmente para levá-la de volta à Gênova. A saudade doía na carne e a incerteza de como estariam os filhos castigava sem piedade sua pobre alma.

Após passar por Marselha pararam em Barcelona e mais alguns dias de viagem aportavam novamente, dessa vez na cidade de Valência. Em terras da Península Ibérica a relação do casal ganhara mais ainda a certeza de que foram feitos um para o outro.

O subconsciente dos enamorados registrava diuturnamente a volta ao passado longínquo. Ali viveram muitos anos atrás e tudo isso agora aflorava de tal forma que sem perceberem fortaleciam mais do que nunca os laços afetivos que os uniam.

Samira e Pedro conversavam frequentemente a respeito desse tema fascinante que era a teoria de vidas passadas. Essas lembranças atraíam, sem que o casal percebesse, grande parte daqueles espíritos queridos que junto a eles escreveram páginas inesquecíveis de uma época de muitas lutas em terras espanholas.

– Pedro, – indagou curiosa – se vivemos nessas terras por um tempo tão antigo como relatou a você seu amigo hindu, onde estariam meus filhos Giovanni, Ângela e Giulia por aqueles tempos?

– Meu amor, – respondeu com carinho – gostaria muito que você o conhecesse, pois eu também, assim como você, não tenho a mínima ideia de como pode ser isso. A única informação concreta foi a que lhe passei. Há tantas perguntas em minha cabeça que acabam por ficar sem respostas. Eu, particularmente, não acredito nas crenças ocidentais na forma como descrevem Deus, pois se Ele dirige os destinos dos que aqui vivem, não fomentaria tantas guerras, tantas penas extremas às pessoas que ousam discordar das autoridades religiosas. A mim me parece muito mais lógico a crença do povo hindu conforme tive oportunidade de conhecer através do sábio que lhe falei. Um possível reencontro com ele poderia nos esclarecer muito a respeito de todas essas dúvidas que nos assomam à alma. Em nossa viagem às Índias você terá a oportunidade de conhecer muito do pensamento e da filosofia desse povo.

– Gostaria muito – disse Samira. – Há momentos em que

a saudade de minha mãe é tão grande que sinto como se ela estivesse ao meu lado. Nos sonhos então, trata-se de algo extremamente nítido e recorrente.

– Meus sonhos – respondeu Pedro – são mais ligados às lutas, guerras e quase sempre me encontro ferido. Entretanto, deduzo que isso seja mais por conta de minhas atividades, principalmente quando envolvido nas viagens longas e perigosas.

– Mas Pedro, pode ser também que isso seja fruto de lembranças de sua participação em guerras em vidas anteriores. Afinal, não lhe disseram que foi um soldado?

– Sim, mas fica tão difícil de explicar e também de acreditar, pois não temos algo concreto para provar, não é mesmo?

E assim o casal passava horas e horas divagando a respeito de algo que era a pura realidade em suas vidas, mas ao mesmo tempo uma novidade inacreditável.

Acreditavam no que fora dito a Pedro, mas tinham uma curiosidade extrema em conhecer mais o assunto. Dessa forma, tão logo adormeciam, os sonhos eram povoados pela presença do passado, dos amigos, dos ambientes em que viveram e logicamente até dos inimigos.

Orientados pelos espíritos de seus antepassados, procuravam absorver nos momentos de liberação parcial do corpo físico, todos aqueles ensinamentos que no dia a dia de suas vidas iriam enriquecer mais e mais suas almas frente aos novos desafios.

Numa época em que o risco de uma gravidez não planejada era alto, em razão dos métodos tão inseguros de se prevenir, era mais que esperado que isso acabasse acontecendo, como de fato aconteceu.

Com tanta paixão envolvendo essas duas almas totalmente entregues uma a outra, vivendo intensamente esse amor, Samira pressentiu que aqueles dias em Valência deixariam sua marca. O plano espiritual aproveitou para trazer um espírito que de há muito esperava fossem concretizados esses planos.

Claro que para Pedro e Samira isso ocorrendo agora era um tremendo empecilho.

Com a viagem longa e cheia de contratempos prevista para Goa, gravidez nesse momento tornava-se um drama inesperado para o casal.

"Como fazer?" – perguntava a si o capitão.

Embarcar Samira numa viagem que já era uma tremenda aventura, agora se tornava uma operação de altíssimo risco.

Por sua vez, Samira não tinha a menor vontade de ficar em Lisboa aguardando a volta de Pedro.

"Afinal," pensava, "abandonara os filhos para seguir seu amor e nesse momento ficar só, numa cidade desconhecida, com pessoas que nunca vira, era algo inconcebível".

Apesar do enorme amor existente entre ambos, essa novidade viera atormentar a vida do casal.

– Só me resta desistir da Carreira às Índias. Assim retorno a Gênova contigo tão logo cheguemos a Lisboa.

– Mas Pedro, – falava Samira – e seus compromissos

firmados para essa viagem? Certamente a desistência trará aborrecimentos e consequências nada boas para sua reputação, concorda?

– Sim, sim – retrucava o capitão de certa forma irritado.

Deixaram Valência sem uma decisão firmada. Uma coisa era certa: Não se separariam de maneira alguma.

Agora o assunto era uma pedra no sapato deles.

Havia na nau Santa Mônica, como era comum nas viagens marítimas, um médico, e logo a ele recorreram em busca de ajuda.

O médico mencionou as possibilidades de se livrarem da criança através de um aborto, mas deixou claro que isso não se enquadrava em sua índole, ou seja, não contassem com ele para isso.

Talvez com um conhecimento mais aprofundado da vida em seu aspecto geral ou mesmo intuído pelos bons espíritos, o fato é que deixou claro que essa alternativa, além de ser algo que ele não fazia, traria altíssimos riscos para a vida da gestante.

Aconselhou ao casal que o melhor seria deixar a vida seguir seu curso normal, tendo inclusive se colocado à disposição para acompanhá-los às Índias.

– Poderemos buscar uma boa parteira em Lisboa e assim, juntos cuidaremos de Samira. Minha missão na embarcação termina ao chegar a Lisboa, mas comprometo-me a seguir junto a vocês para ajudá-los. Além do mais, nunca fui às Índias. Será uma boa oportunidade de conhecer novas terras – disse Ciro alegre e prestativo.

Sem que tivesse consciência da realidade, esse médico fora muito amigo de Pedro em outras existências. Naquela que o hindu contara a Pedro que ele fora um soldado, na verdade mais precisamente Pedro fora lugar-tenente de Ciro, que era de fato o paladino do rei, e ambos lutaram nas guerras que empreenderam na expulsão dos mouros das terras espanholas. Isso explicava tanta afetividade entre os três.

Ciro, como cavaleiro, fora quase um pai para Pedro e ajudara em muito quando de seu envolvimento com a prisioneira moura, facilitando a vida do casal.

Na existência atual, o que parecia ser acaso nada mais era do que os maiores da espiritualidade promovendo o reencontro deles no momento exato em que o casal mais precisava, pois se não houvesse uma mente lúcida, poderiam agravar ainda mais seus débitos praticando o crime do aborto.

O ser que agora retornava à vida terrena, através do amor de Samira e Pedro era exatamente o rei ao qual serviram nas inúmeras batalhas naquela existência. O soberano de outrora, em sinal de gratidão escolhera nascer entre eles pelo muito que fizeram para o povo dos reinos de Castela e Leão.

As palavras de Ciro ecoaram com profunda alegria naquelas duas almas apaixonadas. Ele tinha, como há quase cinco séculos, autoridade moral sobre os dois.

Como tudo na espiritualidade é feito obedecendo a uma programação extremamente planejada, o crime foi evitado.

Finalmente a decisão de que caminho seguir estava definida.

Ao passarem pelo Estreito de Gibraltar, conhecido na antiguidade como os Pilares de Hércules, contemplando aquela paisagem tão conhecida em vidas passadas já tinham a decisão firmada.

Novos desafios esperavam essas duas vidas no palco das existências.

Com tantos acontecimentos novos para o feliz casal, os dias passavam voando. Em pouco tempo, sem que percebessem chegavam a Lisboa.

Samira conhecia novas terras, apreciava cada idioma diferente do seu e com a segurança transmitida pelo médico na viagem, o que seria um problema tornara-se motivo de enorme alegria para ela e Pedro.

– Iremos juntos às Índias – falou decidida ao esposo.

– O risco será enorme – disse Pedro – mas é só mais um. Estou acostumado a viver assim.

– Tenho consciência, Pedro, mas procuremos nos precaver ao máximo para que tudo corra a contento.

– Não se preocupe, – disse o português – para você e nosso filho farei coisas nunca usadas numa nau. Tenho ideias muito boas a respeito.

Não só Pedro agiria para o sucesso daquela futura vida. A espiritualidade maior de há muito trabalhava naquele evento.

Como já relatado, aquele espírito que retornava fora

muito ligado a Ciro e Pedro. Fora um dos filhos do rei Fernando de Aragão, cognominado O Grande. Como era usual naqueles tempos entre os herdeiros de uma coroa, tão logo o rei desencarnava ocorriam lutas fratricidas entre os pretendentes à coroa. Esse fora um dos graves delitos que cometera aquele espírito que agora retornava à vida na Terra.

Agora amparado pelo médico, que de certa forma fora o grande responsável em garantir sua reencarnação, já que os pais muito provavelmente optariam pelo aborto, não só por desconhecimento das Leis Divinas, mas também pela situação difícil em levar adiante aquela gravidez. Quando perdidos na ilusão terrena acaba sendo o caminho mais fácil nesses casos. Infelizmente torna-se também a rota de conflitos seculares.

O papel de Ciro foi assim preponderante para o desiderato da espiritualidade.

Além de Ciro muito contaria dali para frente o desempenho de uma pessoa elevada.

Conseguiram uma parteira excelente e de um caráter excepcional. Tratava-se de Irmã Rosa, uma religiosa que doravante acompanharia Samira em todos os seus passos.

Conquanto fosse católica, já que pertencia a uma ordem de freiras, Irmã Rosa tinha a mente aberta em sua maneira de acreditar nas Forças Superiores.

Quando de suas primeiras conversas com Samira, já na viagem a caminho de Goa, nunca teve a pretensão de tirar da cabeça da gestante aquilo que ela demonstrava acreditar no que diz respeito a vidas passadas e futuras. Tampouco se aborrecia com as histórias contadas por Samira a respeito do que a futura mãe mais gostava de falar desde que conhecera e se envolvera com o capitão.

Mesmo não comungando daqueles pensamentos ouvia pacientemente e até arriscava colocar seu parecer sem qualquer medo porque estando em uma embarcação, longe dos olhos e do patrulhamento dos terríveis membros da Inquisição, sabia não estar em risco.

Àquela época, qualquer vacilo nesse sentido poderia custar a vida de uma pessoa. Polêmicas nesses assuntos deveriam ser evitadas a qualquer custo.

O menino que viria a nascer, espírito já descrito, tinha quando rei, enorme respeito por Ciro que fora seu paladino em Castela.

Tinha também um carinho muito grande por Pedro, que fora lugar-tenente de Ciro. Essa simpatia vinha muito em parte da semelhança de situações entre ambos naqueles tempos. O rei, num de seus casamentos, desposara uma moura, a exemplo de Pedro que apaixonou-se e casou-se com uma ex-prisioneira, agora reencarnada como Samira.

Na verdade, a espiritualidade maior aproveita ao máximo as oportunidades que os encarnados oferecem, mesmo quando isso vem de um vacilo ou decisão menos feliz. No dizer do ditado popular "Deus escreve certo por linhas tortas", podemos entender como é o trabalho incansável de nossos protetores que, mesmo ao trilharmos caminhos equivocados, eles consertam na medida do possível, claro também de acordo com nosso merecimento, e ainda promovem os reencontros necessários para nossa evolução espiritual.

Assim que desembarcou em Lisboa, Pedro providenciou o mais rápido possível o casamento com Samira.

Tendo um fácil acesso junto às autoridades religiosas, tudo se tornou favorável aos seus planos.

Samira por sua vez tinha tudo para dizer que aquele era o momento mais feliz de sua vida. Apenas a ausência de seus filhos a incomodava. Algo em sua consciência lhe dizia que essa decisão ainda haveria de lhe trazer os maiores dissabores.

O tempo avançava rapidamente e já estávamos no final do mês de fevereiro. Dali a alguns dias embarcariam na aventura em direção às Índias.

Naquele ano o ambiente no porto parece que estava mais agitado do que nunca.

O rebuliço era enorme com uma quantidade de naus nunca vista, sendo carregadas de víveres para a longa e tenebrosa viagem.

No caso da nau Santa Mônica essas providências alcançavam exigências extremas.

Ciro e Irmã Rosa trabalhavam com cuidados redobrados, pois se uma gravidez já exige cuidados para o sucesso do nascimento da criança e da preservação da integridade da mãe, imaginem esse mesmo fato numa viagem arriscada como essa.

Assim, foi preparado um camarote especial para a gestante com o máximo de conforto possível e tudo o que fosse necessário para o bem-estar de Samira. O médico e a parteira ficaram dessa forma responsáveis pela gestante em tempo integral.

Em decorrência das grandes amizades de Pedro com pessoas muito influentes tudo fora arranjado como nunca visto antes.

Apesar de tudo, antes desse apoio tentaram de todas as formas convencer o casal a optar por outra forma menos arriscada.

Todavia, o fato destas duas almas estarem há séculos distantes uma da outra, era fator pesadíssimo para mudarem de opinião.

"A sorte estava lançada", pensava Samira.

Jamais aceitaria se separar de Pedro exatamente nesse momento em que estava grávida. Ele transmitia toda a segurança que ela nunca tivera. Até que voltar para Gênova não seria tão complicado assim, pois estaria de novo junto aos filhos amados, mas desde que Pedro assim também procedesse.

Lembrando a promessa de Pedro – de fato sua estada em Lisboa representou os melhores dias de sua vida. Inesquecível!

Mas Lisboa agora já estava entrando para o passado.

Dali a dois dias embarcariam rumo a Goa.

Os dias foram tão felizes que a moça já ganhara a beleza que lhe era peculiar. Remoçara. Os meses afastados dos trabalhos extenuantes lhe devolveram a aparência dos 20 anos de idade.

Muito estimada por todos, logo se tornou a joia preciosa que ficaria aos cuidados de Ciro e Irmã Rosa.

– Minha esposa amada, – dizia Pedro acariciando os longos cabelos negros da moça – não obstante minhas tarefas inadiáveis durante toda a viagem, terei tempo suficiente para estar sempre ao seu lado.

– Cuide de seu barco para segurança de todos – respondia sorrindo.

Logo estavam no mar e, para felicidade de Samira, dessa vez não precisava ficar confinada o tempo inteiro da viagem numa cabine.

Sempre acompanhada de um dos anjos da guarda ou de Pedro, já conhecia cada espaço da nau.

Divertia-se muito observando também cada novidade que a natureza marinha oferecia. Às vezes um susto aqui ou acolá, mas sempre amparada pelos dois protetores nunca ficava em situação de risco.

Por ora não enfrentavam nenhum perigo. Início de viagem ainda próximo da costa europeia, tudo era alegria. Como na vida em geral nunca estamos sozinhos, evidentemente que toda uma plêiade de bons espíritos trabalhavam em favor do casal e de todos aqueles que se aventuravam nessa epopeia que era a chamada Carreira das Índias. Num tempo em que a humanidade apenas engatinhava no conhecimento geográfico do planeta, a própria integração entre os povos era feita à custa de muitas atrocidades cometidas pelos seres humanos. Logicamente isso é algo inerente aos espíritos ainda iludidos pelo poder terreno, fato este ainda comum nos dias atuais. Imagine então como era há quase quinhentos anos. Porém, no cômputo geral, a época das grandes viagens marítimas foi um passo decisivo para que o Velho Continente, ainda que levado pela ambição, promovesse a integração entre os povos. A descoberta de novos lugares seria decisiva para a continuidade da raça humana e ainda importante para a redenção de muitos espíritos orgulhosos que necessitavam dessa miscigenação.

Hoje, visualizando tantas nações do Novo Mundo, países que receberam a visita das incursões espanholas, portuguesas, francesas, holandesas e inglesas, notamos que apesar de tantas guerras e destruições, sobressai-se a importância moral desses novos países para a normalidade de nosso planeta. Nada se perde perante a bondade divina e mesmo dos acontecimentos mais dolorosos tiram-se as melhores lições de maneira a levar nosso mundo à condição de um orbe de regeneração.

CAPÍTULO V

O ATAQUE PIRATA

PASSANDO PRÓXIMO ÀS Ilhas Canárias descendo paralelamente à costa ocidental da África o capitão-mor, como já havia traçado toda a rota e estratégia da expedição, conseguiu pegar rapidamente a corrente das grandes monções que os levaria ao destino final com reduzidas dificuldades na navegação.

Até ali quase não tiveram problemas com as calmarias, as quais retinham os navios parados em alto mar. Dessa maneira, até aquele momento, não houvera atraso tão significativo na viagem e tudo indicava um fato extremamente raro: teriam uma viagem sem quaisquer contratempos. Já haviam feito algumas paradas para reabastecer e renovar os estoques de alimentos e água tão essenciais à segurança e saúde da tripulação e passageiros. Conforme recomendado inúmeras vezes, era de fundamental importância que a frota não se aproximasse muito da Ilha de Santa Helena, ponto constante dos navios piratas que ali preparavam quase sempre terríveis emboscadas a quem se aventurasse pelos mares.

Dentre as naus que faziam parte daquela esquadra havia uma cujo capitão fora indicado pelo rei D. Sebastião. Tratava-se de Pero de Góis, que na verdade pouco ou quase nada entendia de viagens marítimas. Fora colocado nesse posto importante em sinal de gratidão pelos relevantes serviços prestados à coroa portuguesa. Obviamente que isso era algo que muito preocupava o capitão-mor. Apesar de toda a sua atenção nesse sentido, não poderia conduzir a embarcação de Pero, pois sua tarefa maior era cuidar da expedição de um modo geral e ainda de sua própria embarcação. Foi justamente a nau comandada pelo indicado do rei que, não se sabe se por imperícia do piloto da embarcação ou vítima de movimentos desfavoráveis dos ventos, acabou sendo empurrada na direção da costa africana, exatamente na altura da Ilha de Santa Helena. Os demais capitães, responsáveis por suas próprias naus nada puderam fazer para evitar, até porque suas rotas seguiam dentro do planejado e qualquer decisão a respeito caberia ao capitão-mor, Álvaro Dias.

Assim que foi informado do sinistro, Álvaro Dias já ouvia tiros de canhão, o que confirmava a certeza do ataque. Álvaro lembrou que em sua armada havia um capitão que era sem dúvida o melhor e mais experiente no combate aos piratas.

Havia entre eles uma velha amizade e uma confiança

total, pois inúmeras vezes lutaram juntos em batalhas memoráveis contra esses malfeitores do mar.

Infelizmente o grande dilema de Álvaro era que o amigo agora conduzia em sua embarcação a própria esposa e o que era pior, num estado delicado: grávida do primeiro filho de Pedro.

Os grandes homens da história são marcados pela sua perspicácia em tomar decisões importantes e cruciais sem que haja um só minuto de hesitação. Álvaro fez com que a nau Santa Mônica se aproximasse de sua embarcação e em poucos instantes acertava com Pedro a transferência de Samira, seu médico e a parteira para sua própria nau, os quais ficariam agora diretamente aos seus cuidados.

Com habilidade rara explicou a Samira que Pedro iria apenas buscar de volta a nau que se desgarrara do restante da esquadra.

É claro que Samira também ouvira o som dos tiros, mas todos a confortaram explicando tratar-se de algo corriqueiro naquela região. Não havia situação de confronto, explicavam. Aquela nau apenas se desgarrara e Pedro fora escalado para rebocá-la de volta. A verdade, porém, era outra. Infelizmente a nau desgarrada já se tornara vítima do ataque dos piratas franceses. Estava dominada. No entanto, Pedro e sua tripulação não perderam tempo. Como já relatado, ele tinha além de uma ascendência muito forte sobre seus comandados, uma equipe de elevada qualidade e experiência nesses eventos. Seu mestre bombardeiro era um dos melhores que se tinha notícia e comandava soldados que treinavam diariamente mesmo com a nau em movimento. Assim que avistou a nau de Pero de Góis abriram fogo sobre os piratas. O grupo de malfeitores não esperava por aquela reação e, vítimas do fator surpresa e da alta capacidade de Pedro e toda a tripulação da Santa Mônica, não conseguiram resistir e em pouco tempo o navio pirata estava ardendo em chamas e seus ocupantes se afogando nas águas do Atlântico.

Quando ocorriam esses massacres Pedro não tinha piedade e exterminava sem dó os sobreviventes. Mesmo aqueles náufragos que conseguiam se aproximar do Santa Mônica eram mortos. Dessa vez, no entanto, o comandante agira de forma diferente. Para surpresa de todos resgatou aqueles que flutuavam em torno da embarcação e os fez prisioneiros. Talvez o amor por Samira, talvez a intuição de seu amigo hindu ou mesmo a evolução que experimentava com o passar dos anos, tenha feito com que o bravo capitão agisse de forma indulgente para com os inimigos.

A situação da nau atacada pelos piratas era totalmente comprometedora. Centenas de vidas foram ceifadas, inclusive o próprio Pero. Dentre seus homens de confiança Pedro escolheu o mais preparado e confiou a ele a missão de retornar com a nau à primeira das fortificações portuguesas na costa africana onde poderiam efetuar os reparos necessários no navio e depois aguardar o retorno da expedição de Goa. Providenciou também para que

A ESCOLHA DE SAMIRA | 77

todos aqueles que se destinavam às Índias pudessem ser transferidos para a Santa Mônica, exceto os feridos que deveriam voltar e aos cuidados do novo comandante serem conduzidos até o local mais próximo a serem tratados. Assim tiveram o primeiro grande atraso, e com ele o acontecimento trágico da morte de muitos passageiros e tripulantes. Os prisioneiros não eram em número tão significativo que pudessem causar contratempos para a viagem. Pedro até pensou em deixá-los seguir com o navio atacado e assim voltariam para terra firme, mas imaginou que com tantas situações adversas para o novo comandante, o melhor seria levá-los e entregá-los aos cuidados do capitão-mor.

Ao final daquela tarde, para alegria geral de todos nas outras naus, o bravo Pedro despontava no horizonte com sua inseparável e conhecidíssima Santa Mônica. Após notificar Álvaro de todo o ocorrido e receber todas as honrarias pela vitória não pensava em outra coisa que não fosse ir ao encontro de Samira. A moça preocupada, mas acreditando que o esposo tivesse ido apenas em missão de socorro, mantinha-se envolvida em orações junto a Ciro e Irmã Rosa.

Ciro, o médico, cuidava bem da gestante como sempre o fazia desde o primeiro momento que conhecera o casal. Para ele, Samira era como uma filha, mas na realidade, pela força do que fora em vidas passadas, seu desejo naquele momento era de estar lutando ao lado daquele que fora seu fiel escudeiro em tempos passados.

Como cavaleiro que fora no começo do Segundo Milênio, respeitado em toda a Espanha, paladino do rei, esse não era exatamente o lugar que costumava ocupar nesses acontecimentos. Numa época em que tudo ainda era resolvido pela força, pelas armas e pela coragem e bravura, Ciro fora grande como poucos. Ocorre que, pela bondade e justiça infinitas, a Divina Providência ampara e oferece às pessoas que tiraram a vida de milhares uma nova oportunidade e essas, envergando as vestes do amor e do perdão, vêm em auxílio àqueles que nos labirintos de existências passadas comandaram e de alguma forma criaram compromissos graves que precisam ser resgatados. De cavaleiro a médico. Agora na posição contrária. De quem tirava a vida tornava-se a esperança encarnando aquele que salva vidas. Um primeiro passo para dar início à longa caminhada que teria pela frente nas incontáveis existências futuras, aonde deveria reparar os males cometidos. Naturalmente ele não passara de cavaleiro a médico de uma existência para outra, mas estivera algumas vezes em situação de preparo para esse passo.

De volta para junto de Samira, Pedro contou-lhe da missão de socorro que se tornara uma missão de apoio, sem entrar em maiores detalhes. Apreensiva, Samira só tinha palavras de agradecimento a Deus e a certeza de que seu amado agira com justiça e dentro do que era normal para aquela situação. Na manhã seguinte, tendo aprovado todas as atitudes de Pedro em relação a sua intervenção no conflito com os piratas, Álvaro Dias ordenou a retomada da viagem pela esquadra, torcendo para que não houvesse mais incidentes graves e que tudo corresse dentro da maior normalidade possível, pois contava com a indispensável ajuda dos ventos para, em breve, superar um dos maiores desafios da jornada, que era o Cabo da Boa Esperança.

Para não dizer que Álvaro apoiara integralmente as atitudes de Pedro em relação a sua intervenção no combate aos piratas, a única decisão que lhe causou total estranheza foi o fato de ter poupado a vida dos piratas que sobreviveram ao ataque. Isso não era uma prática habitual para a época. Todavia, até para isso Pedro foi altamente convincente.

– Em primeiro lugar, – disse – se me permite, devemos poupar esses homens em sinal de piedade, pois Deus nos ajudou estando do nosso lado, nos trazendo a vitória sobre o inimigo.

E continuando:

– Depois, com a perda de tantos homens em nosso efetivo, poderemos adotar uma estratégia para aproveitá-los em nossa equipe. Sugiro que façamos uma divisão para cada nau do efetivo de presos e assim, separados, será bem mais fácil tê-los sob nosso controle. Comecemos colocando-os nos serviços necessários e mais duros junto aos grumetes.

O capitão-mor sentiu que Pedro, além de bom combatente, era de fato um homem muito inteligente e aprovou sem contestação a ideia de seu capitão. Pedro não imaginava que acabara de ajudar tantas vidas, mas uma pessoa em especial lhe seria grata para sempre e teria um papel fundamental para ajudá-lo numa situação complicada envolvendo a bela Samira. Tratava-se do marujo Pierre que começando entre os grumetes se destacaria tanto a ponto de ser promovido gradativamente até ser pessoa de confiança e muito respeito na tripulação de Pedro.

Em pouco tempo a expedição dobrava o temido e antigo Cabo das Tormentas, há quase 80 anos rebatizado para Cabo da Boa Esperança após o sucesso de Bartolomeu Dias em sua vitoriosa jornada no final do século XV.

Nossa gestante continuava a ser o centro das atenções. Todos contavam chegar às Índias antes do nascimento do bebê, entretanto, se preparavam de maneira eficiente para o caso de isso não ser possível. Para não faltar alimentos bem saudáveis a Samira, levavam desde Lisboa algumas vacas, porcos e galinhas e em cada escala que faziam iam renovando o estoque exclusivo da futura mamãe.

Às naus da época tudo era complicado nesses aspectos. Havia poucos fogões e assim se formavam filas enormes para que cada passageiro pudesse aquecer sua refeição. A limitação na quantidade de fogões tornava-se necessária com vistas à segurança em relação ao navio que era totalmente de madeira. Contrariando as normas vigentes, Pedro conseguiu um fogão exclusivo para Samira, o médico e a freira-parteira e dessa forma sempre tinham alimentos quentes e prontos para a gestante. Isso só não acontecia quando vinham as terríveis tempestades e todos os fogões tinham que ser apagados. Como dizem que há males que vêm para bem, se a chuva atrapalhava em relação ao aquecimento da alimentação, tornava-se uma bênção dos céus para repor o estoque de água, pois esse era um ponto altamente vulnerável em toda estratégia montada em favor de Samira. O precioso líquido apesar de ser armazenado cuidadosamente nos tonéis tinha curta duração em relação ao sabor natural e agradável e também quanto a ser apropriado para o consumo.

Por sorte as calmarias naquele ano foram de pequena monta. Pedro tivera experiências terríveis em viagens passadas nas quais ficara por até dois meses com sua nau parada em alto mar. A fome e a sede vitimaram muitos de seus homens. O escorbuto arrasava sua tripulação nessas oportunidades. Quando parava na região equatorial era o calor insuportável e as pestes desenvolvidas dentro da própria embarcação em razão das condições precárias de higiene. Quando mais ao Sul muitos morriam de frio chegando a ficar expostos à neve e com indumentárias despreparadas para esse clima. Essas experiências negativas eram muito importantes nesse sentido.

Há mais de 25 anos viajava por aqueles mares e vira um número incalculável de amigos perderem a vida para as intempéries, doenças, ou nos combates com piratas. Ocorriam com muita frequência também acidentes nas embarcações, como quedas, incêndios e afogamentos.

Com muita alegria se aproximavam de mais uma parada, Moçambique, a mais esperada de todas, pois significava que os obstáculos mais difíceis estavam superados. Além do mais, nesse lugar havia um hospital criado pelos portugueses e dessa forma era uma ótima oportunidade de, em terra firme, cuidar melhor de Samira que assim poderia ser examinada com mais precisão. Ciro que nunca viajara à Índia sentia-se feliz nessa empreitada, pois tudo conspirava a seu favor. Pedro também compartilhava desse otimismo e pensava em assim que chegasse até Goa, procurar o hindu, o sábio, para lhe contar da previsão que se confirmara. Estava bem próximo de vencer mais essa batalha, mas em sua mente uma questão o incomodava: como estaria, nessas alturas dos acontecimentos, a família de Samira em Gênova?

CAPÍTULO VI
Finalmente as Índias

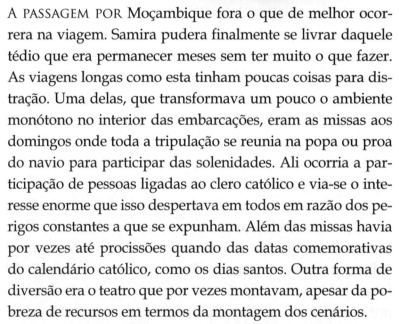

A passagem por Moçambique fora o que de melhor ocorrera na viagem. Samira pudera finalmente se livrar daquele tédio que era permanecer meses sem ter muito o que fazer. As viagens longas como esta tinham poucas coisas para distração. Uma delas, que transformava um pouco o ambiente monótono no interior das embarcações, eram as missas aos domingos onde toda a tripulação se reunia na popa ou proa do navio para participar das solenidades. Ali ocorria a participação de pessoas ligadas ao clero católico e via-se o interesse enorme que isso despertava em todos em razão dos perigos constantes a que se expunham. Além das missas havia por vezes até procissões quando das datas comemorativas do calendário católico, como os dias santos. Outra forma de diversão era o teatro que por vezes montavam, apesar da pobreza de recursos em termos da montagem dos cenários.

Agora em terra firme e com a decisão do capitão-mor em

permanecerem alguns dias a mais do programado, dada a situação favorável que até ali ocorrera, exceto pelo ataque pirata o qual de todo modo fora bem conduzido por Pedro, causando um pequeno atraso que em nada abalara os planos da expedição em relação ao tempo de viagem.

Assim, Moçambique representava para Samira uma estação de lazer das melhores. Como havia o hospital mencionado, frequentemente ia ali aonde era bem avaliada e se prevenia para o parto que se aproximava cada vez mais. Para Samira tudo era novidade uma vez que vivera a vida toda em Gênova. As pessoas diferentes, os idiomas que desconhecia, a própria humildade e prestatividade daquele povo simples que ali vivia, a envolviam num clima muito agradável e assim a futura mãezinha ganhava muitos dias para se refazer daqueles longos meses no mar. Em breve chegariam ao destino final e daí era encarar a última etapa: o retorno de Goa, e com o bebê entre eles, imaginava, seria tudo muito mais fácil.

A natureza Divina é sábia, perfeita e infalível como todos sabem, senão vejamos: Ciro, um cavaleiro que tirara a vida de centenas de pessoas era agora o responsável direto no plano físico, pelos cuidados quanto à reencarnação de um ser. Esse ser nada mais fora que o soberano que colocara Ciro, seu paladino, nos mais terríveis conflitos armados. A mãezinha do futuro bebê fora inimiga do rei e até de seu marido Pedro, que por sua vez fora o auxiliar direto de Ciro em suas batalhas.

Como vemos, isso explica a perfeição da obra divina.

Imaginem se um só deles tivesse as lembranças perfeitas de vidas passadas? Seria impossível a reencarnação do antigo monarca. Até por parte dele com o orgulho de um rei jamais aceitaria correr o risco de nascer numa tosca embarcação, sofrendo todo tipo de privação. E Samira em tempo algum concordaria em dar a vida a alguém que exterminara seu povo na Península Ibérica.

Por falar em Samira, atentemos para o diálogo entre ela e Pedro num momento de descontração, passeando próximo ao mar em Moçambique.

– Meu amor, – disse Samira – em breve teremos nosso filhinho entre nós. Já ocorreu a você o nome que daremos a ele?

– Samira, – respondeu Pedro – confesso que não pensei concretamente no assunto, até porque sequer sabemos o sexo da criança.

– Pois eu penso tratar-se de um menino.

– E a que atribui essa ideia?

– Intuição. Iria até propor caso seja menina, o que acredito não acontecerá, poderíamos colocar o nome de minha mãe Isabel, o que acha?

Pedro sorriu muito feliz e respondeu:

– Concordo plenamente. Já me falou tanto de sua mãe, e com tamanho carinho, que a mim me parece já conhecê-la.

– Sendo assim – continuou Samira – pela atenção que me dedica e pelo apoio na minha escolha, caso seja menino deixo a sua vontade a escolha do nome.

– Ah! Que bobagem – riu abraçando-a. – Sabe que tudo faço para agradar-lhe, mas se assim parece-lhe melhor... Sempre sonhei, caso um dia fosse pai, colocar em meu filho o nome de Afonso. Parece-me um nome de respeito e não sei porque me agrada muito.

– Então combinado – declarou sorridente a gestante. – Acredito que teremos um Afonso na família.

O casal trocou um longo beijo num clima de felicidade interminável e continuou seu passeio pela orla do oceano Índico.

Vejam o que é a gratidão, o amor e o carinho existentes entre as pessoas.

Pedro tinha em mente esse nome e atribuía tanto respeito apesar de não se lembrar, como falamos anteriormente, o que é uma bênção divina, mas o subconsciente registra certos fatos que não conseguimos explicar. Afonso era o nome de seu rei naquela existência de alguns séculos atrás. Ele era um dos filhos do rei Fernando, o Grande. É de se ressaltar também o importante, mas discreto trabalho da parteira Irmã Rosa sempre assistindo carinhosamente Samira. Certamente ela também estivera envolvida em outros encontros passados pela boa maneira com que se relacionavam. Já comentamos a paciência com que ela, uma freira, aceitava e não se recusava a falar do assunto, quando Samira tocava no tema de vidas passadas. Ela, conquanto não acreditasse fervorosamente naquela teoria, admitia o debate com Samira. Mais tarde quando deitada em sua cama antes do sono chegar revia toda a conversa e ficava a meditar em suas dúvidas.

"Será?" – pensava inquieta.

De certa forma aquilo tinha sentido, mas obviamente sua fé religiosa estava calcada em outras diretrizes às quais não caberia a ela questionar.

Logo estavam de volta ao mar para uma nova e longa etapa daquela jornada. Para alegria de todos seria a última no caminho de ida. Para muitos a última etapa mesmo, uma vez que vários religiosos ficariam na Índia como missionários.

Havia ainda as órfãs do rei, motivo de tanto alarido e riscos naquela viagem longa e principalmente com quase todos os viajantes sendo homens, o que colocava a segurança e tranquilidade da nau em perigo. Essas moças iam para as Índias para se casar. Filhas de pais que morriam nas guerras e missões do rei eram protegidas do monarca português e ai de qualquer ocorrência menos feliz para alguma delas. O capitão de cada nau disso sabia e não deixava de se manter sempre em estado de alerta quanto a elas. Ficavam praticamente confinadas num camarote junto à popa sem qualquer possibilidade de acesso por parte dos passageiros e de toda a tripulação.

O retorno ao mar vinha com certo ar de alívio, pois que os maiores perigos ficaram para trás.

Os piratas normalmente atacavam ainda no Atlântico. Como foi visto, o risco maior era na costa oeste da África. As calmarias também, uma vez superadas, soavam como um desafio enorme deixado para trás. O clima frio do extremo sul da África e o Cabo da Boa Esperança eram considerados obstáculos de altíssimo risco.

Com todos esses contratempos vencidos, o Oceano Índico seria um passeio para os experientes capitães e principalmente para o capitão-mor, velho conhecido daqueles mares.

Com todas essas vantagens, a frota comandada por Álvaro Dias retomou viagem numa manhã nublada de inverno no hemisfério sul para concluir sua missão.

Os dias felizes de repouso para Samira e os momentos de descontração, quando junto a Pedro passeavam por Moçambique, ficaram para trás. De qualquer modo sempre vinham à sua mente os filhos, distantes milhares de quilômetros e totalmente separados sem qualquer possibilidade de notícias. A nau avançava sobre as águas do Oceano Índico e ela de seu posto de observação ia admirando a inexplorada selva africana ainda virgem, com exceção de uma ou outra feitoria implantada pelos impérios da época. Irmã Rosa pouco saía de sua cabine durante o período em que Pedro ali não estava.

Ciro por sua vez vinha diariamente verificar o estado de saúde da gestante. As dores frequentes muitas vezes acabavam soando como o alarme de que o bebê chegaria. Até ali, pelo menos por enquanto, todos tinham sido alarmes falsos.

A freira em suas preces sempre pedia para que Samira aguentasse até chegar a Goa.

O médico demonstrava muita habilidade e um temperamento calmo, o que transmitia à gestante uma segurança muito grande. A confiança que ela depositava em Ciro muito ajudava para manter seu equilíbrio emocional na árdua jornada.

Durante o período anterior à parada em Moçambique as noites de Samira foram difíceis, principalmente quando o mar se mostrava agitado trazendo com esse estado as terríveis tempestades, velhas conhecidas de Pedro. Ele orientara Samira no sentido de viajar bem prevenida, com roupas adequadas para o rigoroso inverno que enfrentariam nos mares do sul. Além disso, procurou preparar da melhor forma a cabine de sua nau com os recursos mais avançados da época a fim de resguardar o local com uma calafetagem bem feita, e provida do melhor conforto possível para acomodar de forma segura e protegida a futura mãezinha.

Numa noite Samira preocupou-se mais que o normal. Sonhara algo terrível que ocorrera à sua filhinha Giulia. Acordara com fortes dores atribuindo isso ao estado da gravidez, todavia, como o sonho tinha sido muito real, pois estivera em espírito na cidade de Gênova como fazia amiúde desde que partira, não tinha a lembrança nítida do que de fato ocorrera, mas havia a certeza, pela forte intuição feminina, que algo de muito ruim acontecera em sua casa. Se pudesse tomaria uma embarcação de volta e correria para lá. Pedro que ficou totalmente preocupado procurava consolá-la dizendo tratar-se apenas de um sonho e guardava a certeza de que tudo estava bem com os filhos.

Como não soubesse também ao certo se aquilo poderia afetar o bebê, mandou um de seus auxiliares que sempre pernoitava à porta da cabine, ir em busca do médico. Ciro chegou preocupado e tão logo pousou o olhar na paciente viu tratar-se apenas de agitação da moça. De qualquer forma, agindo com toda psicologia que lhe era peculiar, examinou-a com calma e com a ajuda da parteira mandou que preparassem uma beberagem para a futura mãezinha.

– É grave doutor? Vai nascer o bebê? – perguntou preocupado o pai da criança.

Ciro piscou um olho para o capitão transmitindo-lhe tranquilidade.

– Ela vai apenas tomar essa bebida para acalmá-la. É tudo consequência dos próprios sustos e agitações da viagem.

Deixando a parteira com Samira saiu da cabine acompanhado por Pedro e expôs calmamente:

– Deve ter levado algum susto ou teve sonhos desagradáveis, coisa normal nessa situação.

Pedro ficou de queixo caído.

"Como o médico soubera do sonho? Ninguém falara nada a respeito" – pensava.

Ciro na verdade também tinha uma intuição muito forte. Seus pacientes eram curados com uma frequência bem maior do que era comum à época. Junto a ele sempre havia uma entidade espiritual muito elevada. Foram amigos de vidas passadas.

Em tempos de guerra na Espanha lutaram em lados opostos e numa oportunidade Ciro teve sua vida, e as de seus comandados, poupadas pelo inimigo. Essa entidade era o comandante das tropas contrárias à época. Dali em diante tornaram-se grandes amigos, o que certa vez causou a Ciro um tremendo embaraço, pois seu benfeitor caíra prisioneiro em Castela juntamente com vários de seus guerreiros e Ciro, que era autoridade muito elevada, retribuiu o gesto libertando o comandante mouro e toda a sua tropa. Obviamente que isto foi uma arma de efeito devastador nas mãos daqueles que em Castela invejavam Ciro. Sem vacilar utilizaram esse fato para incriminá-lo junto ao rei.

Ciro procurou usar de toda estima junto ao monarca, mas infelizmente não teve perdão. Pagou um preço muito alto pelo seu gesto, ao ser condenado ao desterro junto com sua família. Dessa maneira foi obrigado a abandonar o reino, acusado de alta traição. Por tudo isso esse nobre amigo sempre esteve ao seu lado ajudando-o e facilitando todas as existências posteriores a Castela, como nessa em que Ciro dedicava-se à medicina.

Os dias passavam com uma rapidez bem maior nessa fase da viagem.

Tudo ajudava, elevando o ânimo da tripulação, principalmente após a parada em Moçambique quando se renovou por completo a disposição dos marinheiros e grumetes.

Eles se divertiram muito em terra firme, o que muito facilitou no estado emocional da tripulação já que ao permanecerem por meses em total abstinência elevavam em demasia a rebeldia se descontrolando por qualquer coisa. Agora contavam os dias para chegar a Goa.

A Santa Mônica, nau acostumada a viagens intermináveis, sofrera todos os reparos necessários na última parada e aguentava firme a briga com o mar tão temido pelos seus passageiros, principalmente aqueles que viajavam pela primeira vez e não viam a hora de se livrar daquele perigo ambulante que era uma nau em mar aberto.

Quando o gajeiro, do alto da gávea berrou: – Terra à vista! – foi uma comemoração indescritível. Todos estavam felizes, mas poucos tanto quanto Ciro, Irmã Rosa e Pedro.

O alívio por conseguirem chegar antes do parto era algo que os três não deixaram de agradecer aos seres superiores conforme suas crenças.

Pedro sentiu como que uma visão do hindu, seu inesquecível amigo que estava sempre a lhe tranquilizar quanto ao sucesso do empreendimento. O capitão, porém, em seu íntimo não escondia o medo pelo risco que sua amada correra em todo o percurso.

Entre os três, Ciro era o mais tranquilo. Tinha certeza que chegariam a Goa antes do parto.

Quanto a Irmã Rosa, rezava o terço todos os dias pedindo a Nossa Senhora protegesse a todos, mas principalmente a Samira para que pudesse ter seu momento em terra firme, o que seria muito mais seguro.

Após avistar os primeiros contornos do continente, apesar de saberem que ainda havia muito que viajar, os passageiros sentiam-se mais seguros, pois com os olhos fixos naquele horizonte sonhado aumentava a esperança de chegar bem. Quando ancorada a nau que vencera os milhares de quilômetros, a comemoração foi ruidosa.

Os membros do clero celebraram a missa de agradecimento a Deus pela vitória e pela vida de todos que conseguiam desembarcar no destino final.

Álvaro Dias sempre sisudo durante a viagem, preocupado com o sucesso da empreitada, finalmente pôde abraçar seus capitães e falar a frase que todos eles conheciam:

– Mais uma missão cumprida. Em nome de El-Rei, D. Sebastião.

CAPÍTULO VII

O SEQUESTRO

EM GÊNOVA OS dias corriam céleres. O ano já entrava em seu último quarto e as dificuldades pela ausência de Samira eram cada vez maiores.

Infelizmente Sophia não tivera os cuidados e as precauções devidas em relação às orientações do espírito da mãe de Samira. Optara em trazer Plotina para o círculo doméstico.

Com seu comportamento menos elevado, Plotina desencaminhava dia após dia o modo de ser de Ângela, contrariando toda educação que a menina recebera da mãe.

Angariara a confiança de Sophia e de Giovanni e assim, diariamente, em suas idas ao porto não se desgrudava da companhia da menina.

Ângela que já possuía certa rebeldia em seu espírito conhecia nessas andanças um mundo totalmente diferente daquele ao qual se acostumara, conforme a educação rígida que recebera de Samira.

Giovanni que se dedicava muito ao trabalho a fim de devolver à mãezinha os negócios da mesma forma que recebera, sequer tinha tempo de acompanhar a vida da irmãzinha. Sophia por sua vez começava a sentir os primeiros sintomas da doença que a levaria desse mundo em pouco tempo. A carga de trabalho era por demais pesada. A velha senhora, todavia, pela sua retidão de caráter sabia que não tinha outra alternativa até o retorno da patroa. Esse também foi um dos motivos que a levara a admitir Plotina no lar. Seu corpo cansado acusava o peso da idade, o que contribuía rapidamente para o processo da instalação da doença.

Plotina, que era astuta como uma raposa, entrara naquele lar a mando de pessoas inescrupulosas como ela, as quais tencionavam tirar proveito da ausência da mãe. Assim em pouco tempo ela descobriu que além dos rendimentos do trabalho da família havia outra fonte para o sustento daqueles que ali moravam. Nesse aspecto nada comentou com seus comparsas, pois ambiciosa que era buscava um plano para subtrair aquela quantia deixada por Pedro, somente para si. De modo algum imaginava dividir esse lucro extra com seus comparsas. Já era demais para ela o fato de eles ficarem com a maior parte do que ganhariam no objetivo maior que era o rapto de Ângela.

Obviamente ela ali permanecera por meses, seguindo instruções dos malévolos bandidos que trabalhavam nesse mercado desumano e cruel do tráfico de seres humanos. Havia certos capitães que eram ligados à pirataria que pagavam valores polpudos por mulheres. Embora Ângela mal estivesse entrando na adolescência, pela sua beleza incomum, fora alvo desse grupo de sequestradores. Com tudo ardilosamente planejado, aproximava-se o dia em que Plotina deveria entregar a inocente criança. Ângela, por sua vez, sempre dizia ao irmão e a Sophia que tinha a maior vontade de conhecer e entrar num daqueles enormes navios. Claro que ambos foram rigorosos com ela para que jamais tomasse essa atitude, advertindo-a de que poderia ser raptada ou até sofrer coisas piores. Deixaram claro que os homens que ali existiam eram seres muito maus.

O conselho, em princípio, surtiu efeito, pois a menina amedrontada obedeceu sem contestar.

O lado ruim da história – sempre tem – foi que Plotina ao ouvir toda a conversa aperfeiçoou seus planos para convencer Ângela do contrário.

– Mas meu irmão disse que é muito perigoso entrar numa nau. Disse que eu posso até morrer – falou a menina quando convidada por Plotina a satisfazer seu sonho.

– Ângela – disse com o ar de amiga e protetora – eu tenho um amigo que é o capitão e dono de um navio. Sempre levo nossos produtos para ele. Como vê, você pode ficar tranquila, pois sempre que entro lá tem um marinheiro, o imediato do capitão que me acompanha e funciona assim como uma espécie de segurança. Nunca me aconteceu nada de ruim. Quem não deve entrar são pessoas desconhecidas. Não é o nosso caso.

– Será? – disse a garota. – Meu irmão e Sophia com certeza me castigariam se soubessem que fui até lá.

– Não seja boba – retrucou a maldosa criatura. – Você não precisa dizer nada para eles. E eu nem vou comentar, é claro. Não tem como eles descobrirem absolutamente nada.

A garotinha acabou se convencendo, até porque Plotina era uma excelente amiga, fazia tudo que ela queria.

As coisas iam bem para a moça que entrara naquela casa com projetos terríveis e movidos pela ambição desvairada.

Numa tarde em que Sophia caíra de cama, havia uma quantidade maior de preparados a ser levado para Giovanni comercializar no porto. Usando essa desculpa da necessidade de ajuda, Plotina pediu para levar Ângela com ela.

Seria o último dia da pequena com sua família. Um navio daqueles, cuja tripulação era altamente suspeita, zarparia do porto e tudo estava previamente acertado para o rapto da menina. Agindo de forma fria e cruel, nem deu ouvidos aos apelos de Sophia:

– Plotina – disse a velha com voz sumida – cuide bem de Ângela, pois Samira recomendou-me de forma clara que ela só poderia se ausentar de casa comigo ou com Giovanni. Não vá se distrair com a menina.

A malévola jovem sorriu do outro lado da parede e disse fingidamente:

– Fique tranquila, Sophia. Há quanto tempo estou com vocês? Nunca aconteceu nada, não seria agora que iria acontecer.

– Que Deus continue a nos proteger, minha filha – disse a senhora com fé, mas ao mesmo tempo preocupada.

Seguindo seus sinistros planos, Plotina enquanto caminhava na rua ia orientando Ângela.

– Hoje vai dar certo. Quer conhecer o navio do meu amigo capitão?

A menina pensou, pensou. A vontade era enorme, mas continuava em dúvida.

– Vamos sua boba, ele vai partir logo e se você não se decidir rapidamente receio que não irá mais, pois tão logo sua mãe chegue da viagem duvido que deixará você sair de sua casa em minha companhia.

– Isso é verdade. Mamãe não deixaria eu sair nem com Giovanni.

– Então – insistiu Plotina – é sua chance, vamos hoje mesmo. Caso não queira, voltamos daqui e você nunca irá realizar seu sonho.

– Então vamos! – falou Ângela decidida.

Em pouco tempo entravam pela nau em direção a uma das cabines. Depois de toda a conversa ensaiada pretextando falar com outro amigo, Plotina deixou a menina com um marinheiro, imediato do capitão, que agindo de forma carinhosa logo ganhou a confiança da pequena.

– Vamos ver outras partes do navio. Venha até a proa para você avistar o mar.

– Mas e Plotina? Ela não virá com a gente?

– Depois vocês se encontram. Ela foi levar algumas encomendas vendidas pelo seu irmão ao nosso capitão.

A pobre criança caíra na armadilha. Plotina saíra sorrateiramente da embarcação e foi ter com seus comparsas a fim de receber sua parte pelo trabalho. Retardou propositadamente sua volta para casa, pois sabia que todas as vezes em que Sophia se prostrava numa cama, levaria alguns dias para se recuperar. Giovanni chegaria cansado e nem notaria a falta da garota, e quanto a Giulia, dormia bem cedo. De acordo com seus planos, caso ninguém percebesse, daria o alarme pela manhã. Tinha em mente dizer que Ângela voltara sozinha do porto obedecendo a ordem de que ela não deveria colocar os pés no interior de uma embarcação.

Por sua vez, Ângela sequer sentiu que o navio se movia, pois deram um copo com água contendo uma substância que lhe causara sonolência e dessa forma em pouco tempo dormia o sono dos inocentes.

Aquela noite ficaria terrivelmente marcada no histórico das vidas de Plotina. Todavia, quando a consciência ainda está muito próxima do primitivismo, como era o caso dela, isso em nada alteraria seu estado de espírito naquele momento. No dia seguinte percebeu que ninguém dera pela falta da menina. Para sua surpresa, ao levantar-se pela manhã, Sophia já estava na cozinha.

– Nossa! Você não estava nada bem ontem. Pensei que não iria nem trabalhar hoje – falou tomada de espanto.

– Pois é, menina – disse calmamente Sophia – mas com

a ausência demorada de Samira não podemos facilitar nos negócios. Não quero falir o comércio da patroa.

– Mas, Sophia, – imprudentemente Plotina deixou escapar uma frase que viria a comprometê-la gravemente – você tem o dinheiro que Samira deixou. Para que se preocupar tanto?

Tomada de susto, a ex-mendiga quase caiu sentada.

– Do que você está falando?

– Do dinheiro deixado para vocês – ela confirmou percebendo que falara demais.

– E como você sabe disso?

– Ângela me contou.

– Não é possível. Nem ela sabia. Vá até o quarto e chame a menina. Agora!

As coisas se complicavam muito mais para a jovem malfeitora. Falara além do que deveria. Ângela não estava mais ali. E caberia justo a ela, a causadora de tudo, "descobrir" isso. Como sair dessa situação sem perder a confiança de Sophia?

Pensou rápido e disse:

– Mas como? Ângela não estava com você agora cedo?

– Claro que não – falou aos gritos, correndo para o quarto.

O ambiente ficara demasiadamente tenso. Voltando à cozinha a velha disse de forma ameaçadora:

– Você saiu com ela ontem! Onde deixou a menina?

– Calma, Sophia. Ela voltou para casa ontem mesmo. Você não viu?

– Como iria ver? Eu não estava acamada? Febril? E ademais ela não estava sob sua responsabilidade?

Buscando forças, sabe Deus onde, Sophia disse com expressão muito rude:

– Vamos sair à procura da menina e ai de você se não a encontrarmos.

Plotina tremia de medo, pois nunca vira Sophia nesse estado.

Em vão rodaram toda a cidade. Ângela, nessas alturas, já ia longe sem saber de toda a trama de que fora vítima.

Plotina percebera que por falar demais acabara complicando sua vida perante Sophia. A velha senhora perdera a confiança em sua pessoa. Precisava agir o mais rápido possível em seus escusos projetos, pois caso contrário perderia o dinheiro do qual pretendia se apossar. Ela, porém, não contava com a esperteza de Sophia que tão logo retornaram da busca pela cidade a despachara para o porto com a missão de lá ficar e mandar Giovanni de volta para casa.

Tão logo o garoto chegou foi colocado a par do ocorrido. Assustado, não acreditava naquela tragédia. "Teria Ângela desertado durante a noite por conta própria?", pensou ele que tão bem sabia da rebeldia de sua irmãzinha. De qualquer modo Sophia combinou com o menino de mudarem o lugar onde guardavam as economias, pois o segredo deles estava revelado. Conversaram bastante e combinaram deixar aquele dinheiro num local completamente fora do alcance de Plotina, se possível até escondido fora das dependências da casa.

Como ela não fora confiável para cuidar da menina, seria prudente da parte deles não facilitar em nada. Claro que nenhum dos dois sabia de toda a trama que ocorrera, mas a forma como Plotina abordara o assunto dos valores deixados com a família dera margem a que tomassem muito cuidado. Também não seria indicado afastá-la do lar por duas razões: os trabalhos estavam pesando demais e em segundo lugar ela poderia dar com a língua nos dentes sobre o dinheiro e assim causar mais estragos para a família que já estava arrasada com o sumiço de Ângela.

Assim, deliberaram contar à moça que os valores já estavam empenhados no pagamento de pesadas dívidas, as quais aumentaram, e muito, com a ausência de Samira. Giovanni por sua vez iria pedir ajuda no porto para tentar localizar a irmãzinha. Os dois sabiam que caso não trouxessem a garota de volta, Samira poderia ter um ataque. Agora restava cuidar e muito de Giulia, pois perceberam o grave erro que fora trazer Plotina para casa. Contavam agora com a possibilidade de Samira chegar o quanto antes, pois dentro das previsões de Pedro o tempo estimado já estava indo longe.

Eles não sabiam em que situação estavam metidos. Era bem pior do que imaginavam. Só não estavam mais complicados porque Plotina planejava furtar os valores e não pretendia dividir com ninguém, pois caso optasse em contar aos seus comparsas, na certa eles invadiriam a casa e até matariam para atingir seus objetivos.

Plotina na verdade desconfiara da existência de algo de

valor quando percebera que os valores auferidos no comércio da família eram insuficientes para tanta fartura. Matreira que era rapidamente notara que para um grupo que reclamava as dificuldades nos negócios havia alguma coisa inexplicável, pois sempre tinha alimentos em abundância, todos vestiam-se muito bem e como era uma pessoa sempre disposta a aplicar golpes, sentiu no ar a possibilidade de usufruir disto também.

Ângela ouvira algo entre Sophia e Giovanni quando este respondendo a Sophia uma colocação de que o dinheiro das vendas não estava sendo suficiente para pagar as contas dissera:

– Ora, pegue do dinheiro deixado por Pedro. Ele não nos prestou essa ajuda para que fique tudo guardado até sua volta.

Desinteressada que era nesse assunto tudo teria morrido ali não fosse a perspicácia de Plotina na busca de informações a fim de realizar seus obstinados sonhos de ambição e grandeza a qualquer custo.

Percebendo que havia alguma coisa mais, tentou através de Ângela se inteirar de tudo o que ocorria na casa. A garota em sua ingenuidade respondeu aquilo que sabia:

– Deve ser o dinheiro deixado por Pedro antes de viajar.

Os olhos da gananciosa moça quase saltaram das órbitas. Com um sorriso malicioso acabara por conseguir a informação mais preciosa que tanto buscava. Isso iria lhe render muito mais que o rapto da menina bonita. Agora restava descobrir onde estava toda essa fortuna e somente

A escolha de Samira | 105

aguardar o desfecho com Ângela. Aí, se apoderando do dinheiro desapareceria de cena.

Como nem tudo é como a gente pensa, esse lado da questão se tornaria bem mais difícil.

Com as frequentes saídas de Sophia aproveitava para remexer cada espaço da casa. Revirava todo o mobiliário, buscava em cada peça de roupa, bisbilhotava nas malas e baús. Onde sua doentia mente imaginasse estivesse o dinheiro, não perdia tempo em abrir e procurar. Infelizmente para ela, até ali nada descobrira.

Quando resolvera concluir o caso do sequestro de Ângela, ainda tinha esperanças que conseguiria seu intento. Percebera, no entanto, que a forma como abordara o assunto com Sophia quase pusera tudo a perder. Mas como não era de desistir de seus projetos pensava que em mais dias ou menos dias haveria de obter sucesso.

Quando retornou ao lar, tão logo Giovanni reassumira o seu posto no porto, ouvira de Sophia o seguinte:

– Sobre os valores que você me perguntou, dado a preocupação que nos causa a falta de Ângela e os problemas seríssimos que teremos com Samira, não tive tempo nem cabeça de lhe explicar que já empenhamos toda a quantia deixada por Pedro em pagamentos a inúmeras dívidas que tínhamos.

Plotina ouviu tudo com fingida atenção. No seu íntimo percebera que era uma estratégia da velha para despistar e encerrar aquele assunto.

De qualquer forma, para não se expor disse em sua maneira fingida, demonstrando um estado comovido e falso na voz:

– Caso a situação se torne muito difícil, financeiramente falando, você não precisa nem me pagar pelos serviços prestados nessa casa. Colaborarei com dedicação pela confiança em mim depositada. Tudo farei para que possamos descobrir o paradeiro da menina.

Mais uma vez Sophia se deixou levar pela ingenuidade de alma. Claro que não seria mais a mesma confiança irrestrita na moça, mas tampouco percebera que aquelas palavras eram somente da boca para fora. Não notara a teatralização de Plotina, que se diga a verdade, acabava por se tornar convincente mesmo, como é comum em se tratando de pessoas hipócritas e destituídas de um mínimo sentimento de solidariedade humana.

Todavia, isso iria custar muito caro a Plotina, nesta e em existências futuras. Possuidora que era de uma beleza física da qual usava para lhe abrir portas em muitas situações, não tinha noção de que o uso dessa qualidade para alcançar todos os objetivos que lhe vinham à mente traria um enorme débito em sua vida de espírito imortal. Consequentemente no aspecto beleza suas vidas futuras seriam pobres ao extremo. Não fizera por merecer os valores que recebera. Não utilizara de forma útil os tesouros que Deus lhe confiara, como essas qualidades. A natureza Divina lhe cumulara de bens com o intuito de que seu espírito corrigisse enormes falhas passadas. Ela, no entanto, mais uma vez optara pelos caminhos fáceis da maldade e da preguiça indo na busca da porta larga.

Não troques a paz da tua consciência de amanhã pelo prazer corruptor de hoje.

O que não é moral, jamais proporciona harmonia. Fugidio e devorador, passa rápido, deixando ácido de insatisfação a queimar o corpo e sombra de remorso na consciência magoada.

Permanece sedento, mas não arrependido.

O que experimentaste não te atormenta, e o que te falta agora, mais tarde chegará bem para a tua satisfação.

Vida feliz, Joanna de Ângelis, psicografado por
Divaldo P. Franco, 18ª ed. LEAL EDITORA, pág. 55 à 66[3]

---

3. Nota da editora: o trecho citado foi incluído pelo médium.

CAPÍTULO VIII

REENCARNAÇÃO DE UM REI

EM GOA, TÃO logo a armada atracou, os negociantes partiram para seus objetivos aproveitando ao máximo o tempo, visto que nunca tiveram uma viagem tão cheia de êxitos e com apenas um incidente mais grave que fora o ataque dos piratas à nau de Pero de Góis.

Os demais incidentes foram fatos rotineiros como algumas baixas fatais, coisas mais que comum numa empreitada do nível da Carreira para as Índias. Não houve casos de pestes ou naufrágios em nenhuma das embarcações. Uma ou outra doença felizmente bem controlada pelos responsáveis na área da saúde.

Pedro, além do estado ansioso pelo nascimento do filho e a preocupação com a saúde de Samira, via-se altamente empenhado em reencontrar seu amigo hindu e junto à companheira buscar respostas para o número cada vez maior de dúvidas em relação à nova crença, que discutia frequentemente com Samira e para sua satisfação tinha também a participação com muito interesse do médico da nau.

Em poucos dias o antigo monarca abria os olhos novamente na Terra para uma nova jornada em sua existência de espírito imortal.

Samira dera à luz ao tão esperado filho. Afonso nascera forte sem qualquer complicação de vulto nos trabalhos de parto que foram eficazmente conduzidos pela Irmã Rosa.

Como é perfeito o trabalho da espiritualidade nos auxiliando na execução de nossos projetos ao reencarnarmos.

O que deveria ser uma gravidez de alto risco pelos tempos remotos do século XVI, ainda mais levando-se em conta a viagem marítima tão longa, cheia de percalços, o oceano sempre cercado dos maiores perigos, no entanto, todo o projeto estabelecido para a reencarnação de Afonso transcorrera em perfeito equilíbrio.

Há que se ressaltar todo o amor e dedicação da mãezinha que, apesar de tantos problemas como a ausência dos filhos, a preocupação pela distância deles, nunca deixara de manter um estado favorável, através de uma vibração positiva constante, a fim de facilitar o sucesso do trabalho das equipes encarnadas e desencarnadas envolvidas no processo reencarnatório. Pedro também, homem rude pela própria natureza dos tempos antigos e de seu

A ESCOLHA DE SAMIRA | 111

trabalho árduo, tornara-se mais sensível captando com maior facilidade as mensagens vindas do astral através de seus protetores.

Por fim, o médico com seu desempenho acertado e a colaboração de Irmã Rosa completariam pelo lado dos encarnados o fator de sucesso na realização dessa reencarnação.

Falando a respeito das atividades do mundo espiritual nesses eventos, sequer imaginamos como é complexa a atuação deles em nosso favor.

De há muito tempo havia a programação para o reencontro de Pedro e Samira e juntos receberem o ex-monarca em seus braços. É evidente que não deveria ser da forma como ocorrera, com Samira abandonando seus filhos, todavia, a espiritualidade maior sempre aproveita até nossos vacilos para promover e modificar, onde preciso for, a fim de que os planos estabelecidos quando no mundo espiritual ocorram com o melhor aproveitamento possível.

Assim, ao verem um novo habitante chegando ao nosso planeta vocês não têm ideia do trabalho que foi coordenar e alinhar todos os fios da meada dessa nova vida na Terra. Há que se valorizar muito a existência que nos é oferecida pelo Mundo Maior e desenvolver ao máximo o espírito de camaradagem e amor junto aos semelhantes, pois muitos desses aos quais oferecemos o nosso coração é que estarão a postos em futuras existências se candidatando a oferecer-nos uma nova chance na Terra pela lei da gratidão.

Afonso, o rei, não tinha tantos afetos assim. Por isso ficou perdido na espiritualidade, vagando na Terra, pelo período aproximado de quatro séculos e meio.

Ainda em espírito, cientes do estado daquele que fora seu soberano e pelo amor que lhe tinham, Pedro e Samira, se candidataram a trazê-lo ao mundo físico.

Note-se que Samira fora inimiga do rei, pois era moura, mas em razão de Afonso ter dentre seus vários casamentos, se casado também com uma moura em determinada fase de sua vida, houve uma grande aproximação entre os casais naquela oportunidade.

Assim, sob os auspícios da grande família espiritual, envolvida nas lutas sangrentas de uma época terrível, novos capítulos vinham enfeitar a história desse grupo de espíritos.

Samira em poucos dias estava restabelecida do parto. O menino forte e tão querido por todos já ia se adaptando ao novo mundo e a caravana de luz que presidira todos esses acontecimentos deixava nossos queridos amigos em bom estado de ânimo para retornarem ao Reino e darem continuidade as suas tarefas. Pedro conseguira seu intento.

Localizara o velho hindu. Fora um episódio de enorme alegria e emoção. Mais surpreso ficou quando o sábio lhe fez a primeira pergunta:

– Como vai o nosso reizinho?

De início Pedro não entendera a que o sábio se referira.

Para não entrar em detalhes que poderiam prejudicar o reencarnante, o sábio limitou-se a dizer:

– O novo reizinho de seu lar, meu amigo. Como ele está? Seu filho.

Pedro, desconfiado, esboçou um sorriso de dúvida. "E não é que esse hindu era danado mesmo?", pensou consigo.

– Como você soube? Quem lhe contou? – perguntou Pedro.

O hindu sorriu e completou:

– Meus amigos me falaram. Fico muito feliz por você e sua esposa.

"Incrível" – pensava Pedro. "Como sabia de tudo isso?"

Agora entendia que seu amigo tinha realmente uma capacidade que jamais vira em qualquer outro ser humano. Eles praticamente não tinham amigos em comum. Com certeza ninguém lhe contara nada. Como havia feito a previsão a respeito do encontro do casal, naturalmente sabia, por alguma forma que lhe fugia ao entendimento, a respeito do nascimento de seu filho. Envolvido por enorme sentimento de carinho Pedro disse que gostaria de levá-lo ao encontro de sua família para que os conhecesse e também gostaria imensamente de conversar por muito tempo com ele.

Dessa forma acertaram que em dois dias Pedro viria buscá-lo. O hindu, que era muito ligado a esse grupo em outras encarnações, aceitou o convite e marcaram esse encontro que traria muitas alegrias e conhecimentos a todos.

Radiante de felicidade Pedro, ao retornar à casa que alugara para sua família, o médico e a parteira, contou a Samira todo o desenrolar da conversação com o sábio hindu.

– Mas que bela notícia – exclamou com alegria na alma, a esposa.

Até parecia tratar-se de velho conhecido que viria visitá-los. Ocorre que como dissemos, tinham um histórico de vidas em comum muito grande.

No subconsciente de Samira estavam registrados esses encontros. Pelo lado da existência atual havia a enorme curiosidade em crivar de perguntas que lhe vinham à mente e ninguém conseguia responder-lhe.

Aqueles próximos dois dias seriam de enorme expectativa e com toda a certeza iriam vivê-los na maior ansiedade. Já estava à espera do encontro.

Enquanto isso o bebê dava as maiores alegrias ao casal e à dupla dos responsáveis pelo bem-estar do pequeno. Era esperto e saudável. Viviam dias muito felizes.

Tudo isso era administrado e anotado com toda atenção e carinho por parte de Ciro, que esperava pudesse adiar ao máximo o retorno da esquadra.

A demora no maior número de dias possíveis traria grandes benefícios ao recém-nascido. Viajariam com maior segurança em razão de evitar os riscos da viagem nos primeiros meses da nova vida.

Pedro de certa maneira comungava do mesmo pensamento. Até já havia sondado junto ao capitão-mor as possibilidades de prolongar a estadia em Goa. Felizmente Álvaro Dias concordara com seu pedido uma vez que chegaram sem atraso às Índias. Isso fora de extrema importância para que a expedição pudesse agora manter a tranquilidade e despreocupação quanto ao retorno.

Havia, porém, que se observar um limite quanto a essa prorrogação da volta.

Da mesma forma que programavam o embarque de Lisboa entre março e abril a fim de aproveitar as grandes monções fugindo das calmarias do oceano, não poderia deixar passar o mês de dezembro para a viagem de regresso, pois assim pegariam os ventos soprando em direção oposta e com essa estratégia planejavam repetir o sucesso da viagem de ida.

Afonso nascera em setembro, então com a viagem de volta a Lisboa ocorrendo no final de dezembro estaria com mais de três meses de vida, o que era algo muito bom segundo Ciro, pois a fase de adaptação do menino à vida já estava em um estado adiantado, representando um fator altamente positivo para sua sobrevivência.

Nos dias que se seguiram, Pedro e Samira prepararam tudo da melhor forma para receberem o grande sábio. Além do casal, dos dois responsáveis pelos serviços de saúde, convidaram o capitão-mor e um dos comandantes de outra nau, um espanhol, cujo nome era Luís.

Não seria de bom alvitre um número grande uma vez que poucos se interessavam pelo assunto, pois a grande maioria, ainda presa ao medo e às superstições da religião oficial, evitavam quaisquer polêmicas. Suarez, o amigo espanhol, era bem diferente de sua gente. Pouco afeito aos costumes religiosos, não aceitava as coisas como eram impostas.

Para ele, Deus, se é que existia, estava muito além de toda maldade humana. Aliás, via e não entendia como esse mal na maioria das vezes estava presente nos próprios representantes de Deus na Terra. Ele mesmo, com toda a sua rudeza, acostumado às lutas, guerras e toda sorte de riscos achava que não possuía a metade da maldade, cupidez e calculismo de muitos sacerdotes com os quais convivia. Ele e Pedro inúmeras vezes conversaram com respeito ao tema. Notavam que conforme subiam na escala de importância em relação às autoridades do clero era proporcional o avanço do comportamento contrário ao que pregavam em relação às leis divinas.

Álvaro Dias, ao contrário, era extremamente católico e dificilmente tinha problemas com os membros da Igreja, pois sabia, isso tornava as coisas bem mais fáceis. Além de tudo acreditava piamente nos ensinamentos da Igreja na forma como eram passados. Participaria do encontro mais a título de curiosidade, assim como em outras expedições rumo ao Brasil participara das cerimônias junto aos índios pacíficos. Para ele aquilo tudo era de uma ingenuidade sem tamanho. Quando falava com Pedro tentava mostrar isso a ele.

– Outras vidas? – indagava de forma sarcástica. – Toma tento homem! És esperto e experiente demais para se deixar levar por algo tão fantasioso.

A escolha de Samira | 117

– Há muitas coisas que não compreendemos nesse mundo, meu caro Álvaro – redarguia Pedro.

Mas o capitão-mor era inflexível em seus pensamentos e dizia a Pedro.

– Não fosse algo tão absurdo e infantil esse seu pensamento e desses hindus ignorantes e poderiam ser classificados como hereges.

A conversa dos dois amigos ia muito bem até entrar nesse assunto. Concordavam em tudo. Tinham uma amizade e respeito extremo em todos os aspectos, exceto quando enveredavam pelo campo filosófico em relação à vida, à alma e essas coisas abstratas. De qualquer forma Pedro fez o convite ao amigo. E ele aceitara mais pelo seu único objetivo: desmascarar de vez esses pagãos, que nada mais eram que isso mesmo. Teriam que ser batizados, se tornarem cristãos.

Enquanto o tempo corria, apesar da distração com o novo membro da família, apesar das obrigações desgastantes da mãezinha todos os dias, seu pensamento se voltava sempre para Gênova.

Como deveriam estar seus filhos e Sophia? Os sonhos ruins acalmaram, mas não pararam de vez. Para ela, algo de ruim ocorrera. Imaginava tratar-se de Giulia, a caçulinha tão frágil em sua constituição física deveria estar com problemas, afinal quase um ano sem a proteção da mãe... Por mais confiasse em Sophia, não seria a mesma coisa. Assim passava horas a meditar no assunto, no período em que o bebê dormia e Pedro se ausentava.

Um longo tempo a desfilar pensamentos preocupantes. Coração de mãe é sempre assim: nunca erra em suas premonições. Quando se trata de proteger a própria prole tornam-se verdadeiras leoas. Havia também o drama de consciência. Não perdera a ideia de que Deus iria lhe castigar.

Era isso, falava para si:

– Algo de ruim ocorreu em casa e a culpa foi toda minha.

Contava ansiosamente os dias para a volta. Nessas horas, torcia para o tempo voar.

Quando em conversa com Ciro e ouvindo suas explanações a respeito de que uma demora no retorno seria melhor para a segurança dela e de Afonso, entrava em contradição. Melhor demorar a passar o tempo para a viagem de volta.

E assim ficava nessa constante luta. Uma hora torcendo para que o tempo corresse rapidamente, noutros momentos para que demorasse bastante.

Irmã Rosa era a fiel companheira em todos os momentos. Pacienciosa, de muita fé e sempre muito dedicada, de todos ganhara uma admiração inquestionável.

Orientava no aspecto religioso, entendia com humildade as dúvidas de Samira e jamais a censurava por acreditar nisso ou naquilo. Ela também tinha suas dúvidas. Muitas vezes pensava: "com que direito poderia julgar Samira que nunca frequentara os estudos da religião oficial? Era natural que tivesse dúvidas", mas acrescentava, "pelo menos é uma pessoa bondosa, uma mãe preocupada com os filhos". Enfim, não havia o que recriminar naquela alma sofrida que, pelo convívio constante de quase um ano, conhecia tão bem. A história daquela moça desde o nascimento, suas dores e frustrações, que ela ouvira um número incontável de vezes pela própria boca de Samira, a tocava no fundo da alma.

Deus certamente em sua bondade haveria de perdoar esses pensamentos equivocados da bondosa Samira.

Irmã Rosa assim pensando pedia por ela sempre em suas preces.

E os dois dias passaram bem mais rápido do que esperavam, chegando o grande dia da visita do amigo de Pedro.

Com tudo preparado, Samira e o esposo finalmente iriam ter oportunidade de perguntar tudo aquilo que eles não compreendiam sobre outras vidas, reencarnação, carma e assuntos relacionados. Era esperar para ver.

CAPÍTULO IX

AMIL E SHAILA

NO DIA APRAZADO, com os amigos do Reino, o sábio hindu compareceu à casa que os hospedavam em Goa.

Era uma morada um tanto acolhedora que o capitão alugara para o período em que ali ficassem aguardando retorno da esquadra.

Uma casa grande, afastada do burburinho do porto, bem arborizada em sua entrada com um vasto e belo jardim, quase permanentemente florido, dando um colorido todo especial e transmitindo uma energia tão agradável que não havia quem chegasse para uma visita, ainda que rápida, e não desejasse permanecer tempo maior do que houvesse projetado para ali ficar.

Amil, esse o nome do nosso querido sábio, levou com ele a sua graciosa neta, Shaila.

Shaila era de uma beleza tipicamente da terra. Com sua cor morena e os grandes olhos negros não havia como passar desapercebida. Na flor de seus 12 anos de idade encantava também pela doçura que transparecia através do sorriso branco como marfim, revelando os belos dentes em perfeita harmonia com o rosto exuberante.

Tão logo foram recebidos parecia que se conheciam de longa data. Na verdade, como sabemos, era um reencontro mesmo de espíritos afinizados por diversas existências passadas. Dentre os anfitriões destacavam-se a alegria e a curiosidade de Samira que, como vimos, esperava com ansiedade essa visita.

Shaila logo se encantou com o bebê e enquanto os adultos se sentaram para o esperado bate-papo, ela ficou cuidando de Afonso.

Álvaro Dias se surpreendeu com a vivacidade e espontaneidade de Amil, pois esperava um hindu típico daqueles com os quais convivia. Logo percebeu tratar-se de um homem nobre em suas atitudes, o que de certa forma contribuiu positivamente para amenizar suas desconfianças e descrenças de tudo aquilo que Pedro lhe falara.

Começaram a conversar contando sobre a viagem quase sem incidentes e também sobre tantas visitas que já haviam feito a Goa.

Luís, o amigo espanhol, narrou sobre sua vida na Espanha. Contou suas desventuras, o estado quase ateu em que se considerava, enfim, estava ali para ouvir algo que realmente pudesse ter a força de mudar a forma como via a vida.

Como primeira pergunta expôs algo que com certeza geraria uma polêmica enorme. Buscava testar os conhecimentos do hindu, mas não contava que isso afetaria e muito os católicos fervorosos ali presentes, como Irmã Rosa e Álvaro Dias.

– Señor Amil, – disse no sotaque típico de sua terra – custa-me acreditar em Deus, pois como falo sempre ao amigo Pedro, estamos constantemente transportando em nossas embarcações os representantes desse Deus aqui na Terra, e ocorre que, me desculpe a irmã aqui presente, observo que quanto mais elevado é o posto na hierarquia da Igreja, maior é o orgulho e muitas vezes o nível de maldade presentes na alma desses seres. Temos aqui a distinta freira que, felizmente, não se enquadra nesse grupo, visto sua simplicidade, sempre envolvida em trabalhos do bem e nunca abusando daqueles que convivem com ela. O mesmo não ocorre com os sacerdotes, bispos e outras autoridades do clero, na maioria das vezes temidas pelo seu poder. Seria Deus então conivente com esses comportamentos? Ou esse tipo de atitude representa exatamente o que Deus quer? Nesse caso Ele seria um carrasco. Que Deus é esse? O Deus dos hindus seria ao menos mais complacente e humilde? Observe o senhor que minhas palavras são um tanto quanto perigosas de se pronunciar, pois essas mesmas autoridades poderiam considerar-me um herege e com certeza minha vida estaria em risco. Falo aqui, pois confio no caráter e discrição de todos.

Amil permaneceu o tempo todo sorrindo e atento aos questionamentos do capitão espanhol.

Ajeitou-se melhor em seu assento e disse calma e bondosamente:

– Senhor Luís, entendo o seu descontentamento, mas peço que observe antes de mais nada que Deus é único para todo esse mundo em que vivemos. De tempos em tempos envia-nos seus mais altos representantes como fez, para me tornar mais específico, ao enviar à Terra, principalmente para a civilização ocidental, Jesus Cristo.

– O senhor conhece e acredita em Jesus Cristo? – interrompeu o espanhol.

– Sim, meu bom amigo. Jesus trouxe sua mensagem de amor para um mundo como o nosso em constantes conflitos, assim como nós em nossa civilização recebemos também tantos seres iluminados que nos trouxeram os ensinamentos mais sagrados aos quais procuramos respeitar e adotar por norma de conduta. Quanto às autoridades religiosas, às quais o senhor manifesta seu descontentamento, lembre-se que são seres como nós, ainda em processo evolutivo e que apenas estão revestidos de um poder temporal na Terra e aos quais serão cobrados pelas ações cometidas em desacordo com as Leis Sagradas do Universo. Deus não quer o mal de ninguém assim como Jesus a quem o senhor e os demais presentes aqui conhecem e seguem.

– O senhor adota o raciocínio que pagarão no inferno? Para sempre?

A ESCOLHA DE SAMIRA | 125

– Não, meu caro. A vida é um constante ir e vir. As almas que não aproveitam a oportunidade de aqui estarem, voltam para se corrigir. Até se depurarem completamente.

– Mas seu raciocínio e sua crença prega a reencarnação, o que a Igreja discorda totalmente. Como pode ser isso? Cada povo tem uma relação diferente com Deus?

– Isso são apenas conflitos e disputas entre os próprios seres humanos. Seu mestre e principal representante dos homens junto a Deus deixou bem claro que a reencarnação é uma lei natural.

– Como assim? – inquiriu a freira com ar contrariado.

– Pois então, minha cara irmã, nos primórdios do cristianismo era fato lógico, tão claro como o ato de respirar, mas com o tempo, por ações do próprio ser humano, ao ver seus interesses prejudicados, excluíram essa parte dos ensinamentos que deveriam passar ao povo e a todos os seguidores da religião. Em minha terra ninguém duvida de algo que vem de um poder ao qual não ousamos sequer contestar por serem sábias e perfeitas as suas leis.

– Senhor Amil – disse a freira – fale-nos onde Jesus se referiu à reencarnação em seus Evangelhos?

– Bondosa irmã – respondeu de forma atenciosa e cortês – como autoridade no assunto, a senhora já deve ter lido em seu livro de orações a parábola de Jesus e Nicodemos. Não fica claro o recado de Jesus quando diz ao doutor da lei que é preciso nascer de novo para entrar no reino de Deus?

– Há um equívoco de sua parte, senhor Amil. Entendemos que nessa passagem Jesus se refere ao batismo.

– Sem querer expressar qualquer crítica à sua crença, acho que o ensinamento de Jesus é muito claro quando disse nascer da água e do espírito. Principalmente ao afirmar que o corpo vem do corpo, mas o espírito procede de Deus. Ele acrescenta ainda que ninguém sabe de onde vem e nem para onde vai o espírito. Como vê não há qualquer citação sobre o batismo, uma expressão tão fácil de ser colocada por ele, se fosse o caso.

– Ao afirmar "é preciso nascer da água" ele faz referências ao batismo, imprescindível para afastar o pecado original.

– Lendo com atenção e interpretando a passagem de forma racional fica muito transparente a forma como foi explicada ao rabino. Note que Nicodemos insiste dizendo: "Por acaso teria eu que entrar no ventre de minha mãe e nascer de novo?". Caso se referisse ao batismo Jesus diria de forma simples: "Estou me referindo ao batismo". No entanto, ele responde: "Falando de coisas tão simples você que é doutor da lei não é capaz de entender, como falar das coisas divinas?" Há outras passagens nos textos evangélicos onde a Irmã pode constatar o mesmo ensinamento, como quando Jesus se refere ao profeta Elias já ter vindo ao mundo. Fica muito nítido que ele se refere ao profeta João Batista como sendo a volta de Elias.

– Senhor Amil – perguntou Pedro – eu e minha esposa somos testemunhas de sua enorme capacidade em prever fatos futuros. Antes que eu a encontrasse o senhor havia previsto todo esse episódio em nossas vidas. Como isso se dá?

– Em primeiro lugar, meu bom amigo, melhor dizer o reencontro de vocês – todos sorriram e aguardaram pacientemente a continuação do assunto. – Na verdade, há entre todos nós que nos identificamos à primeira vista, uma energia que nos facilita percebermos quando já estivemos ligados pelos laços de afeto, ainda que isso tenha ocorrido há séculos. É de se compreender que nem todos têm essa percepção, assim como nem todos têm a sua capacidade de liderança, nem todas as mulheres têm a força e o amor da maternidade presente em Samira, a intuição e inteligência de Ciro para curar doenças, e assim por diante.

"Apesar de parecer a todos vocês um privilégio perceber tais fatos antes que ocorram, digo-lhes que isso apenas é um envolvimento mais forte com energias sutis que na grande maioria da humanidade passa desapercebida por estar muito envolvida com os acontecimentos materiais do dia a dia, o que é muito compreensível e natural. No caso de vocês, Samira e Pedro, quando deparei com Pedro percebi de imediato que o conhecia de longa data e você Pedro, mesmo sem notar, de forma inconsciente, portanto, teve um comportamento recíproco, pois devota-me um sentimento de amizade e confiança tão grandes que muitas vezes sinto-me viajando em seu navio, principalmente nos momentos de tempestades, batalhas, calmarias, motins etc."

Pedro ficou deslumbrado com a última frase, pois conforme já dissera a Samira era assim que ele se sentia nos momentos de perigo nas viagens. Pressentia a presença de Amil.

Samira não menos espantada queria também fazer sua pergunta. Preocupada com os filhos em Gênova, não via a hora de expor isso ao sábio.

– Senhor Amil, vivo sonhando e preocupada com minha pequena Giulia. Em minhas elucubrações sinto que algo ocorreu a minha caçula. Penso ser grave. O que pode me dizer a respeito?

– Samira – falou sério – nem tudo podemos ver, nem tudo nos é permitido prever. O destino nos coloca em situações que nossa decisão é semelhante a estarmos numa encruzilhada. Sua filha, assim como os demais de sua casa, correm perigo pelo simples fato de estarem expostos numa cidade tão agitada como é Gênova. Uma coisa é certa: ninguém foge de seus compromissos. Há que se ter calma e aguardar seu retorno à casa e aí restabelecer a ordem em que sempre esteve. Todavia, aconselho-lhe, se assim me permite, a elevar seus pedidos em preces ao Senhor do Universo que tudo vê e tudo cuida. Deixa com Ele suas preocupações e retire de sua mente a agitação que por ora só irá lhe atrapalhar.

Samira insatisfeita tentou parlamentar:

– Mas senhor...

– Acalme-se, Samira, – disse com autoridade – posso lhe

garantir que Giulia está bem. Há riscos com os demais, mas como dissemos, eleve suas preces junto a todas as forças às quais acredita.

Samira ficou feliz em saber de Giulia, mas uma nova preocupação começava a nascer em sua mente: "seria Sophia o que tanto a atormentava na mente? Idosa e com a saúde abalada...".

O capitão-mor, que a tudo ouvia com a máxima atenção, enxergando em Amil de fato um homem sério e apesar de não demonstrar a religiosidade que via nos membros do clero, sentia em sua pessoa uma confiabilidade que poucas vezes havia depositado em um estranho.

Claro que também iria fazer suas perguntas e aproveitando o momento de silêncio, após a resposta dada a Samira, expressou sua dúvida:

– Caro senhor Amil, admiro seus conhecimentos e me surpreende ainda mais por falar do catolicismo com tanto conhecimento como acabamos de ouvir. Acredito até que conheça mais que muitos padres ou autoridades de minha religião. Sendo o senhor um hindu, cuja crença não está ligada à nossa religião, qual o interesse em saber tanto a respeito de nossa Igreja?

Mantendo o sorriso que lhe era peculiar, Amil discorreu de forma clara e calma.

– Senhor Álvaro, eu não me interesso pelo catolicismo no sentido à frase conforme o senhor disse. Estudo muito os profetas e filósofos que estiveram nos vários pontos da

Terra, nas mais diferentes épocas. Admiro Sócrates, Platão e muitos vultos da cultura grega. Tenho comigo todos os ensinamentos de Krishna e Buda. Já li muito sobre Confúcio. Conheço razoavelmente a história dos mistérios do Egito. Como não poderia deixar de ser, particularmente me interessei muito e li com atenção os ensinamentos de Jesus desde sua descida à Terra até sua crucificação. Não sigo religião alguma em particular, mas procuro reter grande parte delas em minha pessoa. No fim de tudo todas se relacionam e se completam. Os ensinamentos cristãos também chegaram à Índia. Através dessas lições de extrema elevação espiritual deixadas por Jesus e seus discípulos completamos nossas crenças. Nosso modelo de crença é aquele em que não há interferência alguma por parte de poderosos que vivem na Terra ou pessoas interessadas em distorcer as verdades divinas. Deus é um só em qualquer parte da Terra ainda que tenha nomes diferentes.

Álvaro Dias, abismado com tanto conhecimento, só balançou a cabeça concordando e aquela reunião tão proveitosa seguia muito além do programado.

Samira e Pedro puderam tirar muitas dúvidas e a partir dali saíram com a certeza e a segurança que de fato estavam apenas em um ciclo de muitas existências já vividas e de tantas ainda por viver.

CAPÍTULO X

DE VOLTA PARA CASA

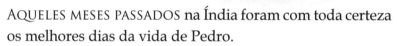

AQUELES MESES PASSADOS na Índia foram com toda certeza os melhores dias da vida de Pedro.

Junto à pessoa amada e agora sentindo o filho Afonso ao seu lado era, sem dúvida, o mais feliz de todo o grupo.

Para sua tristeza, os dias de descanso terminavam junto com o mês de dezembro.

A poucos dias de encerrar o ano de 1562 deixavam Goa com destino a Lisboa.

Muitas cerimônias, principalmente religiosas, encerravam aquela expedição à Índia. Recorrendo a todos os santos, o alto clero abençoava a esquadra que partia com suas naus carregadas com todo tipo de mercadoria aguardada pelo reino.

– Tenhamos nós a felicidade de que esta expedição retorne a Lisboa com metade do sucesso que foi a viagem de vinda e poderemos levantar as mãos para os céus em agradecimento a Deus – assim se expressava Álvaro Dias, o comandante maior de toda a esquadra.

– Deus te ouça, meu caro comandante – dizia Pedro – até porque agora tenho mais uma vida para cuidar. E que vida frágil! Você que já é mais experiente nessas situações como trabalha suas emoções com os filhos?

Álvaro soltou uma sonora gargalhada e disse:

– Pedro, Pedro, nem parece que lhe conheço. Você dá muita importância a essas coisas. Mas isso deve ser o resultado da paternidade em idade muito avançada. Pois saiba que de meus filhos, alguns nem sei por onde andam há muitos anos. Isso sem falar naqueles que não são legítimos e você também os tem, pode acreditar. Isso passa com o tempo. Sente-se assim em razão de tudo ser novidade pela paixão que ainda devota à rapariga.

– Desculpe-me, meu bom amigo – redarguiu Pedro algo sério. – Reconheço que demorei a constituir família, mas daqui para frente viverei totalmente para eles. Samira, Afonso e até seus três filhos que ficaram em Gênova serão a razão de minha vida. Tão logo aporte em Lisboa viajarei até Gênova a fim de buscar os demais e dali escolheremos onde pretendemos passar nossos dias, por mim volto a Lisboa que é onde estão minhas propriedades, mas caso Samira opte em ficar na sua terra natal, para mim não faz muita diferença. O importante é que estejamos juntos.

– Olha que o gajo está mesmo derrubado de amores pela italianinha – gracejou Álvaro Dias.

A escolha de Samira | 133

– Totalmente – Pedro sorriu compreendendo a ironia do amigo e continuou, – mas agora, meu bom comandante, importa-nos seguir em paz e com a proteção das forças do bem para que possamos vencer mais essa etapa e chegarmos vivos e com saúde a Lisboa.

Dessa forma os dois amigos embarcaram, cada um em sua nau e agora com carga total nos navios o perigo aumentava, a velocidade diminuía, pois havia mais do que nunca o risco de abordagem por parte dos piratas, uma vez que a parte valiosa da viagem estava sempre no retorno das naus.

Samira fora bem acomodada em sua cabine, com todas as providências necessárias para que tanto ela quanto o pequeno Afonso não corressem o menor risco na longa viagem.

A estratégia era a mesma da viagem anterior:

Aves, gado, água fresca, fogo sempre que possível aceso e no mais era contar com a sorte ou para os de boa fé, entregar aos cuidados da Providência Divina.

Amil transmitira a todos a maior segurança possível quando os visitara no dia anterior à partida. Contara-lhes fatos novos, orientara a todos quanto ao poder da fé e da coragem que até ali vinham demonstrando e para finalizar, prometera visitá-los em Lisboa.

– Mas como Lisboa? Nem nós mesmos decidimos em que cidade iremos morar? – indagou sorridente a bela Samira.

– Tampouco estou lhes dizendo que irão morar em Lisboa, mas acredito que iremos nos encontrar lá – disse isso e deu uma piscada e um sorriso maroto.

– Pois veja lá, seu hindu esperto – brincou Pedro, olha bem o que está a esconder de todos nós...

Amil desconversou e mais uma vez orientou ao casal como proceder nos casos de perigo, no que diz respeito ao comportamento emocional.

Pensou em preparar-lhes o espírito para o que iriam encontrar em Gênova, mas sabia que essa conversa agora só iria piorar as coisas. Que tudo viesse ao seu tempo. Mas sabia que seria uma prova difícil para a vida de Samira.

Os prestimosos Ciro e Irmã Rosa também participaram de tudo e até já se sentiam membros da família de Pedro.

Samira premiara os dois dando o filho como afilhado a eles, o que aumentou muito mais os laços de carinho entre o grupo.

A vida em sua eternidade liga as pessoas de tal forma que o ser humano comum, aquele que vive apenas para alimentar-se, dormir, trabalhar e divertir-se, não imagina o quanto podemos estar envolvidos no emaranhado de tantas vidas com pessoas que jamais admitiríamos. Às vezes é um chefe no trabalho, outras vezes um colega que encontramos num ambiente comum aos dois. Podem ocorrer casos de extrema simpatia tanto quanto enorme aversão. Pode ser um vizinho querido de muitos anos ou até um desafeto que iremos reencontrar num templo religioso. Tudo é possível e de acordo com a sensibilidade e boa vontade de observar os fatos, poderemos dar um direcionamento extremamente positivo e zerar débitos milenares. De outra forma, agindo com descaso só iremos adiar ou agravar mais ainda a situação.

Em nossa história isso fica muito claro ao vermos uma ex-prisioneira receber em seus braços com todo amor maternal um antigo opressor.

A primeira parada da expedição seria numa das feitorias portuguesas situada na costa oriental africana.

Álvaro Dias, como navegador experiente, sabia que o retorno seria bem mais demorado e por isso mesmo se preparara com o objetivo de parar o máximo possível a fim de garantir a chegada da carga em boas condições.

Em seu plano de viagem tentaria evitar ao máximo as doenças a bordo para evitar baixas em sua tripulação e mesmo entre os viajantes. Dessa forma, as paradas em maior quantidade permitiriam sempre renovar com mais frequência os estoques de água e comida. Pedro trabalhara muito nesse sentido ao debater com o capitão-mor os planos de viagem. Sabia que as vidas de Samira e Afonso dependeriam em muito de uma estratégia bem raciocinada.

No vai e vem do balanço das naus, atingiram a melhor das paradas: Moçambique.

Ali o casal reviveu as doces recordações da recente viagem de ida. Dessa vez, porém, não demorariam muito tempo em terra.

Assim, se por um lado haveria um número bem maior de paradas na viagem de volta, era certo que a duração do tempo de estadia seria extremamente menor.

Com esta compensação, Álvaro pretendia não perder muito tempo a fim de não prejudicar o deslocamento da esquadra, já que dependia em muito dos ventos favoráveis e uma demora maior causaria prejuízos aos planos de navegação.

Era de primordial importância que alcançassem o Cabo da Boa Esperança empurrado por esses ventos.

Essa região perigosa para as navegações da época era o calcanhar de Aquiles das expedições que faziam o trajeto das Índias.

Um leve descuido e a nau poderia ser projetada para o Sul com consequências fatais.

Felizmente todas as naus ultrapassaram bem o extremo sul da costa africana e em tempo razoável já subiam pelo lado ocidental do continente negro.

Muitas e muitas paradas depois e após meses e meses de uma viagem lenta chegavam ao norte do continente africano.

A Europa já estava ali tão próxima como nunca estivera antes, principalmente para Samira que se dividia entre duas preocupações: a saúde do pequeno Afonso, até ali resistindo bem às adversidades, e a saudade e preocupação com os filhos em Gênova.

Quase um ano e meio longe dos três. Esse era um assunto que facilmente a levava às lágrimas. Com Giulia não se preocupava mais, pois confiava muito em Amil. Só que ele deixou no ar que algo havia ocorrido.

"Que seria?", perguntava para si.

O medo era grande em relação aos outros dois filhos, mas também pensava que poderia ser algo com Sophia. Em idade avançada e com a saúde muito debilitada pelos sofrimentos de anos como andarilha, tudo indicava que seria ela.

"E se Sophia morresse? O que seria das três crianças? Ângela tão desajuizada! Giovanni e sua obsessão pelas viagens marítimas! Ah, Deus do céu!", pensava alto. Ganhara Afonso e Pedro, mas sentia que iria perder alguém nesse jogo da vida. Um frio corria da cabeça aos pés nesses momentos. Que sofrimento!

Por outro lado, pensava: "tivesse ficado em Gênova não teria Afonso, não teria Pedro. Será que nesse mundo tudo funcionava como se fosse uma troca?".

Era um pensar constante que somente era interrompido pela chegada de Pedro ou na presença dos dois benfeitores: Ciro e Rosa.

Contudo, aprendera com Amil a orar. Orar de uma forma diferente.

Agora não fazia mais as preces decoradas onde acabava se distraindo e o pensamento dispersava.

Aprendeu com o sábio hindu a relaxar a mente e calmamente conversar com Deus. Aprendeu também a conversar com os seres familiares que a precederam na grande viagem para o além.

Não via as entidades espirituais, mas sentia na alma a presença constante da mãezinha a trazer-lhe o consolo e a encorajá-la nos momentos de tristeza e sofrimento.

Isabel trazia refrigério àquela alma em provas.

– Não se aflija anjo querido – ouvia pela intuição a voz da genitora – nossa passagem pela Terra é rápida e as dores morais nos testam a fé, a perseverança no bem. Erramos, é verdade, mas as nossas oportunidades de correção se multiplicam infinitamente. Tudo dentro do tempo devido e por nós mesmos trabalhado a fim de restabelecer a ordem e o equilíbrio.

Ouvindo isso pelos ouvidos do espírito, como ensinava Amil, Samira ia às lágrimas, não de tristeza, mas de felicidade como a sentir as suaves mãos da mãezinha a acariciar-lhe os lindos cabelos negros como tantas vezes fizera na infância.

Esses momentos eram únicos e, por ser algo que aprendera recentemente, traziam um fortalecimento e ânimo nunca experimentados pela sofrida Samira.

Contava suas novas experiências ao marido com muita alegria na alma e esse ficava extremamente feliz com o novo estado emocional de Samira e dizia a ela:

– Eu não consigo me envolver dessa forma.

Samira não tinha como lhe explicar a fórmula, mas entendia o esposo, até porque mesmo inconsciente sabia que o pensamento dele jamais poderia ter a percepção e sensibilidade da alma feminina.

É claro que Pedro melhorara muito em termos de compreensão da vida humana, mas seu trabalho rude e a personalidade assentada num comportamento mais brutal não lhe permitiam inteirar-se e envolver-se nesse mundo novo. Todavia, ele acreditava piamente em tudo aquilo que Amil trouxera como ensinamento. Até porque Pedro tinha provas irrefutáveis em sua vida recente.

Após 8 longos meses de viagem chegavam à entrada de Lisboa.

Esse momento era também uma das partes de alto risco das viagens. Havia históricos de muitas naus que afundavam na entrada do porto. Era de primordial importância cuidar ao máximo para não comprometer todo o trabalho de uma longa e extenuante jornada.

Cuidadosamente orientados os capitães posicionavam suas embarcações e iam aos poucos aportando uma a uma no que eram recebidos com ruidosas comemorações.

Daqueles que aguardavam no porto, alguns tinham a infeliz surpresa de saberem que seus entes queridos pereceram no mar. E isso era algo tão frequente que em boa parte das vezes havia mais a ausência a ser lamentada que a presença a ser comemorada.

Pedro e sua nau logo ancoravam a Santa Mônica, sabendo que em breve voltariam ao mar, agora com destino ao Mar Mediterrâneo.

Mas, antes disso, descansariam bastante e aproveitariam para levar a boa notícia a todos da chegada de Afonso.

CAPÍTULO XI

FINALMENTE, GÊNOVA!

OS DIAS QUE se seguiram em Lisboa foram de muitas comemorações, visitas de amigos, negócios concluídos e o bom lucro que a viagem trouxera a Pedro. Fora isso ele também aproveitara a maré favorável para negociar a possível transferência de sua "Santa Mônica" para alguns dos muitos interessados. Nesse sentido não conseguira concluir nada, mas havia alguns acertos bem adiantados.

Em conversa com Samira decidiram que morariam em Gênova mesmo, até porque Samira sabia do interesse de Giovanni pela navegação e viagens marítimas, e dessa maneira pensava em permanecer em sua cidade para não se afastar muito do filho querido, que agora certamente estaria a maior parte do tempo ausente do lar, o que lhe contrariava e muito, mas pensava: "como era menino e agora com esses quase dois anos da ausência da mãe já se tornara um homenzinho, não teria como controlar sua vida".

Há situações em que achamos: "tudo está como eu quero". No entanto é preciso não nos esquecermos que a vida não é controlada por nossa vontade. Uma doença, um acontecimento inesperado, a intervenção do "destino", segundo acreditamos, pode mudar tudo em questão de segundos.

Embora a vida para Pedro estivesse em seu melhor momento, vivia com a pessoa amada, com o filho ao qual nunca imaginaria se apegar tanto, muito bem financeiramente, na cidade que adorava e prestes a se aposentar, sabia que para Samira nada disso importava, pois o que ela mais queria nessas alturas era voltar para a sua família, uma vez que sofria muito em razão da ausência que se prolongara quase o dobro do tempo programado.

Diante desse quadro Pedro preferiu deixar tudo e ir logo para Gênova, assim colocaria um ponto final no sofrimento da esposa amada.

Pensando assim, em poucos dias o Santa Mônica zarpava do porto de Lisboa com destino ao Mar Mediterrâneo. Fazendo o caminho inverso da inesquecível vez que viajara da Itália para Portugal junto com Samira. Aproveitaria como era costume para transportar muitas mercadorias para as cidades espanholas e francesas. Era a oportunidade de ganhar um bom dinheiro para se aposentar de vez.

Como Samira se apresentava em estado irascível, nessa viagem não pretendia parar por muito tempo em cada uma dessas cidades a fim de chegar rapidamente ao destino final. Samira não via a hora de rever seus filhos, Sophia, e ainda

A ESCOLHA DE SAMIRA | 143

levar a alegria de apresentar a todos o mais novo membro da família, Afonso. Com tantas paradas na viagem, embora fossem rápidas, sua paciência já estava se esgotando.

Pedro que era compreensível ao extremo com a esposa não lhe deixava faltar todo o carinho e atenção e agora com toda a tripulação sabendo quem era Samira, a esposa do capitão, não tinha mais que mantê-la enclausurada em sua cabine.

Constantemente era vista com o bebê andando pelo interior da nau. Isso de alguma forma amenizou o processo de ansiedade da sofrida mãezinha.

Sem a companhia da doce e compreensiva Irmã Rosa, a única pessoa que lhe restava era Dolores sua aia, cedida pela família de Álvaro Dias.

Felizmente se afeiçoara facilmente a Dolores, uma espanhola que passara a maior parte de sua vida junto à família do capitão-mor e agora via com bons olhos a oportunidade de servir àquela família tão distinta e ao mesmo tempo viajar e rever a terra inesquecível que deixara ainda na infância.

Após uma curta viagem, se comparada com a ida às Índias, mas talvez na cabeça de Samira mais longa e demorada pela ansiedade excessiva em chegar logo à casa, finalmente aportavam em sua sonhada Gênova.

Nem bem a embarcação atracara e ela já estava se preparando para o desembarque. Pedro ainda ficaria por ali para acertar todos os trâmites legais com relação ao período em que permaneceriam aportados e tudo o mais.

Ávida por rever seus filhos saiu apressadamente acompanhada por Dolores. De relance viu o lugar em que trabalhara por tanto tempo no porto. Para sua surpresa não viu Giovanni nem ninguém conhecido. Havia ali uma moça de seus 20 anos de idade. Pensou em parar e perguntar pelo filho, mas não sentiu confiança naquela estranha. Era Plotina que estava cobrindo a ausência momentânea de Giovanni.

O coração de Samira já bateu mais acelerado.

"Teria acontecido alguma desgraça? Onde estaria Giovanni?", se perguntava. "Ai, ai, ai, ai. Teria o menino já se envolvido em uma viagem e largado tudo?".

Vendo a preocupação da patroa, Dolores não teve como se calar.

– O que houve dona Samira? Por que essa preocupação e esse estado de descontrole?

– Tudo muito estranho, minha boa Dolores. Meu filho deveria estar ali – disse apontando para o local onde vendia os seus alimentos.

– Pode ser que ele tenha se ausentado algum tempo para se refazer do cansaço. Logo chegaremos a sua casa e tudo estará resolvido. Confie em Deus.

Com estas palavras a aia procurava levantar o ânimo de Samira, visivelmente abatido.

Assim, se deslocaram em direção à casa que não ficava tão longe do porto. Logo que se aproximavam o semblante de Samira mudou radicalmente para melhor. Novamente o sorriso costumeiro que tanto embelezava aquele rosto cheio de brilho.

Tão logo avistou ao longe a casa percebeu a fumaça da chaminé e a emoção fez com que o pranto descesse descontroladamente. Bem perto de casa viu Giulia que ao notar a mãe veio correndo ao seu encontro gritando de felicidade.

– Mamãe!

Desmanchando-se em soluços a sofrida mãezinha passou Afonso para os braços de Dolores e correu para abraçar sua caçulinha.

"Como estava grande", pensou. "Já era uma mocinha". O choro convulsivo e a forte emoção não deixavam escapar uma única palavra. Sua garganta se fechara totalmente a qualquer expressão articulada. Só chorava de alegria e felicidade. Ao tentar levantar Giulia nos braços notou que a menina estava muito robusta. As faces coradas retratavam exatamente o inverso de tudo que estava imaginando. Mudara da criança mirrada e sempre doentinha para uma menina de aparência muito saudável e bonita. Os olhinhos de Giulia eram dois faróis a iluminar a vida de Samira.

Quando serenou as emoções perguntou à filha:

– E Giovanni? Ângela? Sophia?

– Calma, mãezinha, vamos entrar. Giovanni e Sophia estão em casa.

– Que bom – falou demonstrando uma felicidade tão longamente aguardada.

Mas a menina não falara de Ângela. Para não desfazer o clima de alegria procurou entender que Ângela talvez até estivesse no porto ou mesmo na casa de algum vizinho.

Assim, procurando manter a tranquilidade dirigiram-se todos para o interior da casa.

Apesar da ansiedade enorme em abraçar cada um foi lentamente olhando detalhe por detalhe do lar que há tanto tempo não via. Como sonhara tantas noites com esse momento. Abriu lentamente o portão de madeira e adentrou ao jardim. Como estava lindo. Apesar de não estarem na primavera parecia que as flores lhes davam as boas-vindas.

Chegou à porta e chorando de emoção viu o seu querido Giovanni.

– Filho! – foi o grito de alegria que despertou o menino que sentado à mesa fazia suas costumeiras contas.

– Mamãe! – levantou-se rapidamente abraçando aquela que sempre fora a razão de sua vida.

– Como está com a voz diferente! – disse a mãe com ternura.

O menino encontrava-se naquela fase em que entrando na adolescência vai alterando a voz.

– E minha altura? Você viu que já estou maior que você? – falou com orgulho.

– Nossa! O garotinho da mamãe já é um homem feito. Conte as novidades. E as namoradas? Garanto que tem muitas. O que tem feito além de cuidar de todos?

– Quase não sobra tempo para mais nada. O pouco que

sobra tenho feito contatos para ver a possibilidade de ingressar nos trabalhos que buscam marinheiros para viagens.

Samira entristeceu com a última frase.

– Ah, meu filho! Ainda com essas ideias? Tanto tempo separados. Esquece isso.

– Mãezinha, só não entrei ainda porque tinha que aguardar sua chegada. Agora pretendo me dedicar a isso. Até porque nossos negócios não vão nada bem.

Samira fez ar de preocupada.

– Como? Até estranhei você não estar em nosso comércio a essa hora.

– Mamãe, estamos dividindo em turnos. Revezamos os horários de trabalho.

– Como assim? Você dividiu o nosso negócio com alguém?

– Sim, mamãe, não é bem dividiu. Sophia contratou Plotina para nos ajudar.

– Plotina? – disse surpresa. – Seria aquela moça que estava lá agora?

– Exatamente – respondeu o garoto. – Ela tem nos ajudado desde que você partiu, mas trabalhando lá está há um ano somente. Antes ajudava Sophia nos afazeres da casa.

– Ah, mas deixa esse assunto para depois – disse Samira. – Vamos ver o restante da família. Por falar em Sophia, onde ela está, aquela velha incansável?

– Ali – falou o garoto apontando para o quarto. – E quem é esse bebê? – perguntou curioso.

– Seu irmão, Afonso, e a moça que nos ajuda é a Dolores.

O menino sorriu e foi correndo para o lado de Giulia que brincava com o bebê ao lado de Dolores.

Samira saiu e com aspecto desconfiado foi entrando no quarto e pensando: "nossa, a essa hora Sophia dormindo?". Tão logo entrou e deparando com o quadro inesperado ficou lívida.

– Sophia! O que houve?

Esquálida, estirada na cama, os olhos fundos demonstrando o estado frágil em que se encontrava buscou num esforço enorme demonstrar alegria em rever Samira e feliz, com um sorriso de satisfação, sussurrou algumas palavras:

– Graças a Deus, Samira. Pensei que não voltasse mais.

– Como assim, Sophia! Demorei sim, mas jamais deveria pensar nessa hipótese.

– Eu sei, patroa, me desculpe – disse com uma voz rouca e sumida.

– O que lhe aconteceu?

– Logo após sua partida, em pouco tempo adoeci. Rezava todas as noites pedindo a Deus não me levasse antes de seu retorno. Pensei que não conseguiria. São praticamente dois anos sem você aqui. Muitas coisas ruins aconteceram.

Samira assustou-se.

– Fale-me! Por Deus, conte-me tudo.

– Primeiro tive que contratar uma moça, pois não estava dando conta do trabalho,

– E quem é essa moça?

– Samira, acho que fiz um mau negócio. Ela não é uma pessoa boa. Somente com o passar do tempo percebi isso.

Coração de mãe nunca se engana. Conforme Sophia ia falando veio de estalo à memória de Samira o sonho que tivera na viagem.

– Sophia! – exclamou enérgica – e a Ângela? Não a vi ainda.

Algo na mente de Samira disparou como se fosse uma sirene. O que teria ocorrido?

– Calma, patroa. Não me envolva em fortes emoções. Receio que meu coração não suporte.

– Eu sei, minha boa Sophia. Desculpe-me apertar-lhe assim, mas por favor, quem não vai aguentar sou eu. Fale-me de Ângela! – disse desesperada e aos gritos.

– Ângela sumiu – respondeu a velha num sussurro e aos prantos.

Samira deu um grito de terror e caiu desmaiada.

Sophia em desespero gritou por Giovanni que logo penetrou no recinto.

– Rápido menino, – disse Sophia – pegue aquela ânfora!

O recipiente guardado por Sophia continha um líquido usado por ela nos momentos que lhe faltavam as forças. Fora preparado por um excelente curandeiro que tinha em Gênova. Num esforço sem tamanho a senhora desceu da cama e derramando o líquido na fronte de Samira friccionou em sua pele e levou o vaso até as narinas da pobre mãe. Aos poucos a moça foi abrindo lentamente os belos olhos verdes onde praticamente só se via a parte branca.

– Meu Deus! Meu Deus! – só dizia isso.

– Calma, mãezinha – Giovanni tentava equilibrar a situação.

– Não pode ser, não pode ser. É um sonho – dizia no auge do desespero. – Como puderam ser tão relapsos nesse ponto? Justo minha Ângela, a que mais recomendei a vocês... – chorava convulsivamente.

Giovanni abraçou-se à mãe. Sabia que tinha parte da culpa. De fato, fora negligente. "Ah, se pudesse voltar no tempo!", pensava tristemente.

– E como foi isso, Sophia? – perguntava tentando voltar ao estado normal, após muito tempo de choro e desespero.

– Patroa, como falei, depois que Plotina veio para nossa casa muitas coisas ruins aconteceram.

– Mas você não a conhecia?

– Sim – respondeu – sempre a via na vizinhança. Demonstrava ser de confiança.

– Além dessa tragédia o que mais ocorreu?

– Plotina descobriu sobre o dinheiro deixado pelo capitão.

– Como? – disse assustada. – Quem contou?

– Felizmente eu e Giovanni fomos espertos e mudamos o lugar onde guardávamos. Mas tenho certeza que ela procura até hoje.

– E por que você não a despediu?

– Seria pior, patroa. Ela sozinha, sabendo do dinheiro e com esperança de encontrá-lo certamente não contará para ninguém. Todavia, se a tirássemos daqui, na certa daria com a língua nos dentes e acabaríamos por nos tornar vítimas de ladrões.

– Quando aconteceu o sumiço de Ângela? Vocês tentaram encontrar o paradeiro dela, pelo menos? Como tudo aconteceu?

Sophia relatou em detalhes o caso à mãezinha que voltava a chorar copiosamente.

Aquele fora o pior dia na vida de Samira. Onde estaria seu anjo louro? Agora já com seus 11 a 12 anos de idade deveria ser uma mocinha. Quanto mais pensava mais chorava.

Pedro chegou ao final da tarde. Assustou-se com a aparência da esposa. Inteirado da situação procurou acalmar Samira.

– Veremos o que fazer, meu amor. Tenho amigos em todas as embarcações que estão ancoradas. Com certeza algum deles haverá de nos dar uma luz para clarear esse mistério. Prometo que não descansarei enquanto não descobrir o que de fato ocorreu.

Apesar do histórico totalmente desfavorável a Plotina, Samira nem de longe desconfiava que ela estivesse envolvida no sequestro da filha. Estava sim apreensiva quanto aos problemas causados por ela em relação ao dinheiro, unicamente pelos riscos envolvendo a segurança da sua família.

Suas duas maiores preocupações agora: tentar achar Ângela, o que sabia era quase impossível, e cuidar da saúde de Sophia. Eram extremamente críticas as condições de saúde de sua velha ama.

Por último tentaria reter Giovanni ao máximo, agora que praticamente perdera Ângela.

CAPÍTULO XII

CASO ESCLARECIDO

SAMIRA RESOLVERA AFASTAR Sophia de toda e qualquer atividade. Cuidava junto a Pedro para que ele fosse em busca de um bom médico. Agora a saúde da anciã querida era prioridade para a jovem mãe daquela sofrida família.

O médico viera e prevenira a todos que o estado de Sophia era extremamente delicado. Não dera a menor esperança quanto à cura.

Mais um débito colocado na conta corrente da vida de Samira, segundo sua própria interpretação.

Veio o remorso pela escolha em ter feito a viagem com Pedro. O drama de consciência voltava a cobrar insistentemente o que ela entendia ter sido uma omissão.

Pedro conversava sempre com a esposa procurando transmitir ânimo e fazendo-a ver que mesmo que não se ausentasse da casa, isso poderia ter acontecido da mesma forma.

– Samira, meu anjo, – falava com carinho – Sophia está em idade avançada e considere que ela passou muitos anos numa vida de miséria e todo tipo de necessidades, como você mesma disse quando me contou toda a fase de vida dela como mendiga.

– Eu sei – respondia triste – isso, porém, não justifica. Você está do meu lado porque me ama. Isso tudo é um castigo pelo meu egoísmo. Em nenhum momento pensei naquela que aqui deixei sobrecarregada de trabalhos e problemas. Veja o caso de Ângela. Estamos de volta a Gênova há quase um mês e nada do paradeiro dela. Como você acha que posso me perdoar? Que tipo de mãe eu fui?

– Meu amor, – continuava pacientemente – houve muitos casos de sumiço de jovens e crianças por aqui nos últimos tempos.

– Sério? Como você sabe disso? – disse num misto de enorme surpresa e esperança.

– Não lhe prometi descobrir? Estou tentando de tudo. Busquei ajuda junto a amigos influentes. Eles colocaram pessoas para investigar esses fatos. Creio que em breve teremos novidades.

O rosto de Samira transfigurou-se. Até um sorriso reapareceu, coisa rara nesse último mês. Desde que chegaram de volta a Gênova os baques foram muitos. Até animou-se a perguntar:

– Que bênção! Então você acha que reencontraremos Ângela?

– Olha, não quero que desanime, mas eu disse que teremos novidades em breve sobre os sumiços. Pelo menos descobriremos o que ou quem gerou tantos raptos. Quanto a reencontrá-la, trabalharemos muito para isso, mas aí já será um ponto muito mais difícil de se chegar.

O desânimo abateu-se novamente sobre a expressão fisionômica da esposa do capitão. Ele procurou desviar o assunto.

– E os negócios no comércio? Houve mesmo muita queda?

– Estou me inteirando aos poucos do que realmente houve – disse Samira. – Com o estado crítico de Sophia tenho retornado aos poucos às atividades no comércio. Giovanni agora tem um tempo maior para se dedicar às vendas e parece-me que as contas estão se reequilibrando.

– Não é estranho isso? – perguntou pensativo o marido.

– Eu não confio em Plotina. Acredito que ela interferia nisso – respondeu Samira.

– Você nunca me disse nada a respeito.

– Veja, Pedro, prefiro que você se dedique inteiramente ao caso de Ângela, mas vou lhe contar somente para seu conhecimento. Sophia disse-me que ela, Plotina, havia descoberto sobre o valor que deixou para eles e, ao que parece, sem que se saiba como isso pode ter ocorrido. Sophia demonstrou total desconfiança em Plotina e deduz que a menina pretendia roubar o dinheiro.

– Isso é gravíssimo! – exclamou Pedro. – Demita-a imediatamente!

– Pedro – ponderou a esposa calmamente – isso é apenas uma suspeita. Não tenho provas concretas. Não posso correr o risco de cometer uma injustiça. Além do que, ela tem me ajudado com as dificuldades que sinto pela falta de Sophia. Lembre-se, Sophia era meu braço direito.

– Você contrata outra pessoa. Faça isso ainda hoje. Quando tudo depõe contra alguém que empregamos não há razão para manter a pessoa.

– Vou ver como fica – disse Samira de forma a encerrar o assunto.

– Samira, não há o que pensar – disse energicamente. – Da relação de trabalho envolvendo pessoas eu entendo e muito. Ou você confia ou não confia. Não tem meio termo. Livre-se dessa moça o quanto antes para o bem de todos.

Dizendo isso o capitão saiu para tratar de negócios já previamente agendados a ocorrerem no interior da própria nau.

Antes de sair pediu a Samira enviasse a ele, através de algum portador, os gêneros alimentícios que ela produzia como bolinhos, pães, algo similar aos quitutes de hoje e outros tipos de alimentação que pretendia oferecer às pessoas de elevada estima as quais receberia em sua nau para tratar de negócios.

Samira que o acompanhava até o portão, voltou para dentro do lar indo direto para o quarto da doente. Cuidou com carinho de Sophia, depois amamentou o filhinho, deu a devida atenção a Giulia que brincava com Dolores, com quem se dera de forma esplêndida. A família crescera demais, pois na casa pequena agora moravam além daqueles que já lá se encontravam, mais Samira, Pedro, Afonso, Dolores e alguns outros auxiliares diretos de Pedro. Dessa forma, pediu a Pedro que tentasse ver uma casa maior para eles. Antecipando-se à esposa, o capitão já estava prestes a fechar negócio nesse sentido.

Enquanto isso Giovanni, na impaciência própria de adolescente, continuava a procura por alguma embarcação que estivesse arregimentando trabalhadores. O convívio com Pedro fora de grande importância para ele, uma vez que o capitão conhecia tudo aquilo como ninguém. Prometera ao menino ajudá-lo pedindo apenas um pouco mais de paciência e ele lhe colocaria numa excelente embarcação que zarpasse numa das próximas armadas. Era só uma questão de esperar o momento apropriado. Assim, confiante, o menino se dedicava como nunca ao serviço no porto, que agora voltava a dar bons lucros. À tardinha Pedro, reunido na embarcação tratando de negócios, teve a infeliz surpresa de receber o que havia pedido a Samira através das mãos de Plotina.

– Com licença, senhor – disse a jovem ao entrar na cabine com todos os agrados que vinham de Samira.

Surpreso ao vê-la, pois Pedro não esperava por essa, contrariado, pensou que Samira não lhe dera ouvidos quanto à dispensa da jovem. De forma ríspida determinou a Plotina servisse os comes e bebes a todos ali reunidos.

Pierre agora era um homem de total confiança de Pedro. O ex-pirata regenerado transformara-se por completo.

Ao ver Plotina ficou perplexo: "o que fazia aquela moça ali?" Reconhecera de pronto aquela que intermediava a venda de crianças e jovens para as naus em que trabalhara nos tempos de pirata. Inúmeras vezes a vira entrar na embarcação trazendo à mão uma menina ou menino e dali sair sozinha de forma sorrateira. Conversando com seus companheiros de bordo, esses lhe explicaram que era uma traficante de vida humana.

E agora, que ligação haveria entre ela e o capitão que era reconhecidamente um homem de bom caráter? Aquilo agitou em muito seus pensamentos. Como soubera pelo próprio capitão do sumiço de Ângela, imediatamente ligou os fatos e ao final da reunião procurou seu superior para que ficasse a par do assunto.

– Desculpe-me, capitão, mas aquela moça faz parte da família de sua esposa?

– Por que a pergunta? – Pedro retrucou zangado.

– Essa moça não me é estranha.

– Fale-me o que sabe! – disse Pedro agarrando Pierre pelos colarinhos.

– Calma, capitão, não se exalte. O que vou lhe falar talvez seja o elo que tanto tem faltado em suas buscas.

Pedro fitou seu comandado sem imaginar a que o francês estivesse se referindo, mas tentando se tranquilizar, o que seria mais prudente, procurou ouvi-lo.

Pierre narrou em detalhes as inúmeras vezes em que vira Plotina entrar e sair dos barcos piratas. Falou sobre quantas vidas inocentes ele vira serem negociadas com os comandantes das naus piratas.

Pedro, incrédulo, ouviu com a maior atenção a narrativa de Pierre e ao mesmo tempo ia raciocinando e ligando os fatos.

"Então era isso. Plotina vendera Ângela. Ah, ela pagará com a própria vida. Tamanho atrevimento não ficará impune. E será hoje mesmo", pensava. Ao fim da narrativa, Pedro agradeceu a Pierre e partiu.

Finalmente chegara ao fim das investigações. Tudo se encaixava.

Chegando à própria casa entrou desabaladamente e aos gritos, cego de ódio.

– Cadê a maldita?

– O quê, Pedro? O que aconteceu? – disse Samira preocupada.

– Onde está a víbora da Plotina?

– O que houve? Por que isso?

– Foi ela.

– O que foi ela?

– Ela vendeu Ângela. Não falei? Quando não presta, não presta mesmo, é pior que bicho.

– Como você soube disso?

– Só me diga onde ela está – disse descontroladamente.
– Vou matá-la.

– Mandei ela comprar o que preciso para preparar as coisas para Giovanni vender amanhã.

Pedro saiu desesperado pela rua deixando Samira aos prantos. Ia cego de ódio na direção do lugar onde compravam os gêneros alimentícios.

Em pouco tempo avistou Plotina que se deslocava pela rua em tremenda dificuldade pela grande quantidade de produtos que trazia nas mãos, carregadas pelas compras.

Instintivamente a moça leu à distância o que a esperava. Tinha um enorme medo de Pedro e ele vinha com um instrumento à mão semelhante a uma espada. A passos largos foi em sua direção dizendo com a voz carregada de revolta:

– Agora você não me escapa, sua maldita!

– Socooorro! – disse num grito de terror atirando as compras ao chão e partindo em disparada.

– Não adianta correr, eu vou te pegar sua víbora – falou com um ódio mortal. – E vou amassar-lhe a cabeça – acrescentou.

Plotina era jovem e esbelta, acostumada que era às andanças, correu com uma gazela fugindo do predador. Sua cabeça girava a mil.

"Mas para onde ir?", pensava. "Como escapar da fúria desse louco? Na certa descobrira tudo. Mas como? Após tanto tempo!", agora não tinha escolha. Ela fugiu sem pensar.

Dessa forma embrenhou-se floresta adentro correndo desabaladamente. Logo avistou uma torre. Para lá se dirigiu sem pensar.

Célere, Pedro só pensava em matá-la. E seguia cada vez mais ofegante. A menina era ágil, mas ele não desistiria. Plotina logo ganhou a entrada da torre e sem perder tempo subiu velozmente. Pedro seguiu atrás.

– Não adianta sua desgraçada, você não vai escapar.

Ela subiu a escadaria até o final onde havia uma janela e ali era o fim da linha. O capitão sabia que ali a pegaria. Não tinha para onde fugir.

Quando ele estava bem próximo Plotina foi clara e ameaçadora como uma onça encantoada.

– Parado! – vociferou imperativamente. – Nem mais um passo!

– E quem é você para me dar ordens?

– Mais um degrau e atiro-me lá embaixo.

– Você não teria coragem, sobretudo porque pessoas de sua estirpe estão restritas ao mal, como o sequestro de crianças.

Ah, ela tinha razão, pensou rápido, então era isso. Ele descobrira tudo.

– Não sei do que o senhor está falando – disse tentando ganhar tempo.

– Plotina, está tudo provado. Iria matar-lhe com minhas próprias mãos para livrar a cidade de uma malfeitora, mas com esse ato estaria me sujando. Seu sangue covarde só me traria mais dissabores.

Ela suspirou aliviada. Quem sabe ele iria perdoá-la.

– Desça e se entregue e eu a deixarei aos cuidados das autoridades competentes.

– Nunca! – ela sabia o que lhe aconteceria. Iriam torturá-la até morrer. Não, não se entregaria. – Prefiro a morte a me entregar. Daqui só saio se me deixar livre.

– Você não tem escolha, Plotina – falou Pedro indo em sua direção.

– Nãããããooo! – deu um grito de terror que ecoou por toda a floresta se atirando da elevada torre ao encontro da morte.

Conquanto a odiasse tanto, Pedro ficou pasmo pelo ato brutal com que a jovem colocou fim à própria vida.

Tudo esclarecido, mas isto não trouxera Ângela de volta. Mais tarde compreenderia que não agira de forma inteligente. Sem contar que com esse desfecho Samira receberia outro duro golpe no combate daquela existência.

CAPÍTULO XIII

Novos rumos

Os últimos acontecimentos abalaram de tal forma a vida de nossos amigos que todos os planos em relação a permanência em Gênova foram modificados. O sumiço de Ângela, a tragédia envolvendo Plotina, e para coroar tantos infortúnios, em poucos dias deixava o corpo físico a bondosa Sophia.

Pedro e Samira resolveram voltar definitivamente para Lisboa. Acrescente-se a tudo isso o fato de que Giovanni deixaria também o convívio da família para se dedicar às viagens marítimas. Gênova, outrora tão agradável, tornara-se assim um sinônimo de acontecimentos fúnebres.

Aproveitando a viagem, Pedro mudara também a estratégia em relação ao enteado. Giovanni doravante poderia aproveitar a viagem para ir se habituando a cada tarefa no navio, dessa maneira Pedro designara o menino para estagiar em sua futura profissão. Começava trabalhando no pior lugar da embarcação. Como batismo de fogo, seu serviço inicial estava definido junto aos grumetes, bem no porão da nau. À medida em que fosse conhecendo e se adaptando às funções ia sendo promovido a postos melhores.

Claro que havia todo um carinho por parte da tripulação, afinal o menino era o filho do capitão da embarcação.

A Santa Mônica não seguiria direto de Gênova a Lisboa. Como era comum à época havia uma enorme oferta de trabalho às embarcações que partissem dali em direção a qualquer porto.

Pedro, esperto que era, aproveitou para transportar todos os gêneros que as cidades portuárias da época comercializavam. Assim foi que acabou por repetir o mesmo trajeto que fizeram quando da partida anterior com Samira.

Giovanni, deslumbrado pelo novo trabalho, cada vez chegava com novidades para Samira.

– Mãezinha, hoje aprendi a baixar as velas – falava todo animado.

Sua querida mãe que ainda não se recuperara totalmente dos baques recentes, sorria com carinho para o filho vendo o estado de desgaste físico em que o garoto se apresentava, o que de forma alguma era empecilho a tirar-lhe a animação.

Aproveitava para incentivá-lo:

– Em breve será meu novo capitão.

O garoto sorria todo convencido, mas ficava pouco tempo junto à família, saindo feliz para voltar ao seu trabalho.

Samira não deixava de reclamar junto a Pedro.

A ESCOLHA DE SAMIRA | 165

– Você não acha que está sendo desumano com Giovanni? Há mesmo necessidade que ele aprenda dessa forma? Não seria mais proveitosa a presença dele junto a você?

– Mulher, – falou de forma severa – seu filho está a se preparar para ser um grande comandante. Há que se observar que somente alcançará sucesso nessa carreira conhecendo cada detalhe do navio. Ninguém começa pelo alto nessa profissão e aqueles que aqui são colocados diretamente no comando, em pouquíssimo tempo levam a embarcação e todos os seus ocupantes para o fundo do mar.

Samira escutava com atenção e subia as sobrancelhas como era seu hábito. Pedro concluiu:

– Portanto, minha querida esposa, deixe Giovanni sob meus cuidados que em pouco tempo será um dos maiores navegadores desses mares. Potencial o garoto tem, basta que tenha disciplina e autoridade sobre os comandados.

Conforme os dias iam se sucedendo, aos poucos o jovem aprendiz ia assumindo novas tarefas.

Numa tarde, após terem passado rápidos dias numa cidade portuária da França e retomando viagem, Samira pediu ao esposo que a levasse ao local de trabalho onde estava Giovanni. Gostaria de lhe fazer uma visita para levar bom ânimo e incentivo.

– Samira – advertiu Pedro –, receio que o lugar em que o menino está laborando no momento não lhe trará uma boa imagem. Aguarde ele ser promovido para outro setor da nau.

Samira que era determinada em todos os sentidos dificilmente mudava seus planos.

– Não, Pedro! Já vi tantas desgraças, sofri tanto nessa vida como você sabe, que dificilmente algo nesse sentido possa me abalar.

Contrariado e contra a própria vontade Pedro aquiesceu. Conhecia a esposa como ninguém, só não imaginava que seria bem pior o que viria.

Descendo os degraus para o porão, Samira sentiu náuseas ao receber o impacto do forte mau cheiro de urina, fezes, e tudo de ruim.

– Credo! – exclamou –, como pode um ser humano trabalhar aqui?

– Não falei? – respondeu Pedro. – Você acaba de entrar no pior lugar da embarcação. Esse é o inferno da tripulação – disse com cara de poucos amigos.

Em pouco tempo avistaram Giovanni e após alguns minutos de conversa com o filho, que nem parecia sentir os efeitos terríveis daquele lugar fétido, pois estava o tempo todo animado, Samira se dispôs a sair dali. No caminho de volta, apesar de contrariada quase não falava, pois sentia a felicidade do filho e isso era o mais importante para ela.

Entretanto, agora viria o pior para Pedro.

Passando por um canto do porão avistou algumas dezenas de negros acorrentados com água imunda até os joelhos.

– Que é isso, Pedro? Não há como dar um tratamento mais humano a esses prisioneiros?

A ESCOLHA DE SAMIRA | 167

Calmamente e já subindo a escadaria Pedro explicou-lhe:

Esses homens não são prisioneiros.

– Como assim? – perguntou surpresa. – Então por que as correntes?

– São escravos que negociei agora na França, e fazendo um pequeno desvio no trajeto devo deixá-los nas Ilhas Canárias.

– Pedro! – exclamou entre revoltada e indignada. – Sua nau ao que me consta não é um navio de transporte de escravos.

– Samira – falou com a voz alterada – mantenha-se calma. Negócios são negócios. Em minha embarcação transporto tudo aquilo para o qual sou remunerado.

– Que vergonha isso, meu marido. Já imaginou que minha Ângela pode estar nessa mesma situação? Isso não fere a sua consciência?

A discussão prosseguiu no caminho de volta à cabine.

– Sua filha, pela beleza e cor da pele, jamais seria uma escrava submetida a esse tipo de tratamento.

A colocação de Pedro feita com intenção de acalmar a esposa teve um efeito contrário. Samira pôs-se a chorar convulsivamente.

Pedro a amparou rapidamente conduzindo-a para o interior da cabine.

– Meu amor – disse com carinho –, eu me referia ao fato de que Ângela não irá passar por esse tipo de castigo. Não sofra por algo que não podemos mudar nesse momento. Meu trabalho é esse. Sempre foi. Portugal comercializa escravos negros para todas as cidades do Mediterrâneo. Não sou a voz de Deus. Se eu me recuso, outros o fariam. Essa é a lei.

– Desculpe-me, – tornou a moça – sei que seu trabalho é de sua inteira alçada, mas como não me preocupar em vê-lo nesse tipo de negócios? Sei que é normal para nossa sociedade, mas qual a diferença entre aqueles pobres homens ao serem arrebatados de suas famílias e o que ocorreu com Ângela? Compreende minha dor e indignação?

– Eu sei, meu amor – falava o esposo de forma consoladora –, entretanto, esse é o costume mais normal em Portugal. Toda família bem situada economicamente tem seus escravos, até você os terá.

– De jeito nenhum – falou decidida. – Você sabe que aqueles que comigo trabalham o fazem em troca de um salário. Jamais serei a dona de um ser humano.

Notando a determinação da esposa, Pedro amenizou as palavras para evitar mais discussão.

– Está bem, Samira, faremos como melhor lhe parecer. Agora descanse e não se preocupe com os negros. Verei uma forma de melhorar a situação deles.

Samira sentiu-se mais confortável com o amor e a atenção do esposo e até arriscou um pedido:

– Pedro, não daria para oferecer um bote àqueles homens quando estivermos perto de alguma cidade, antes da chegada ao destino final deles?

A escolha de Samira | 169

Pedro sorriu da bondade e ingenuidade da esposa.

– Samira, Samira, onde quer que eles cheguem serão presos e imediatamente reconduzidos à escravidão e além do mais, como falei, tenho minha palavra empenhada em levá-los até às Ilhas Canárias.

Ela baixou os olhos tristemente, mas compreendeu o quanto o marido lhe era atencioso. Naqueles tempos, onde que um homem se submeteria a ter que dar tanta satisfação de seus afazeres? Mas o amor opera esses milagres em qualquer época da humanidade. Tantas vidas pregressas juntos ligaram de forma indestrutível aqueles laços de ternura.

A embarcação seguia dia após dia cortando firmemente as águas do Mediterrâneo, aproximando-se do Estreito de Gibraltar.

Samira amava receber o filho em sua cabine para conversarem longamente. Nesses momentos ouvia embevecida as narrativas do filho em seu novo trabalho.

– Mamãe, tenho mais uma história fantástica.

– Nossa, Giovanni! Mais uma?

– Sim, mãezinha. Peter contou essa ontem à noite.

– Conte, Giovanni! – falava toda animada Giulia, que sonhava acordada com tantas histórias incríveis.

Peter era um marinheiro de aproximadamente 40 anos de idade. Nascera na Inglaterra, fruto do romance de um marinheiro sobrevivente da viagem de Fernão de Magalhães de circum-navegação do globo terrestre. Sua mãe era inglesa e ainda era viva. Morava em Portugal, pois para lá fora com o seu amor que, todavia, já não estava mais entre os vivos.

Peter amava a Inglaterra e não permitia chamá-lo de Pedro, Pietro, ou qualquer forma de seu nome em outro idioma. Era uma ofensa sem tamanho trocar seu nome. Tinha que ser Peter. Deixara a Inglaterra cedo, aos seis anos de idade, mas dominava o idioma e para ele, lá era sua verdadeira pátria.

Giovanni fora vítima da revolta do velho marujo no primeiro contato entre ambos. Os marinheiros adoravam aprontar com menino. Disseram a ele:

– Chama o Pedro para explicar-lhe como se faz essa tarefa.

– Que Pedro? O capitão?

– Claro que não – disseram. – O Pedro ali embaixo, grita para ele subir.

– Mas aquele é o Peter – retrucou algo confuso.

– Que Peter? – disse um deles se fazendo de desentendido. – Você entendeu errado, o nome dele é Pedro.

Fizeram isso para provocar o velho marinheiro e colocarem o garoto numa fria e assim darem boas risadas.

– Pedro! Pedro! Suba aqui.

Feroz como um lobo, Peter subiu a escadaria tropeçando nos degraus e, agarrando o menino pelos colarinhos, falou aos berros:

– Meu nome é Peter! Entendeu? Peter!

– Mas... – tentou justificar o menino, enquanto toda a tripulação caía na gargalhada.

A ESCOLHA DE SAMIRA | 171

– Não tem mas coisa alguma seu moleque. Como se atreve? Seu grumete idiota.

O garoto se desculpou e passada a ira do irritado marujo acabaram por se tornar grandes amigos.

Peter era muito querido por toda a tripulação. Apesar de muito ranzinza tinha a seu favor o fato de ter um bom papo, pois suas histórias faziam sucesso nos momentos de folga da tripulação. Naquelas viagens monótonas era sempre o centro das atenções e da alegria de todos.

Na maioria das vezes eram histórias contadas pelo seu pai nos quase 5 anos que passara na viagem de volta ao mundo, quando partiram mais de 200 homens em 5 embarcações, mas sobreviveram apenas 18 e uma embarcação. Contara já a toda tripulação inúmeras histórias, mas Giovanni ouvira poucas.

O garoto ficara deslumbrado com a história do dragão em alto-mar, arrepiara-se todo com a aparição dos santos em determinada tempestade, perdera o sono imaginando as montanhas que tinham fogo em seus topos, até se vira nas guerras que a expedição enfrentara, e agora iria contar a sua mãe, a Giulia e a Dolores o caso da caverna encantada.

– Vamos à história, Giovanni! – agora era Dolores que falava em tom de ordem.

– Peter contou que o pai dele – iniciou o menino a narrativa – viajando por um oceano muito grande, mas cujas águas eram extremamente calmas causaram a parada das embarcações que assim ficaram retidas por vários dias próximo a uma ilha.

– Tinha índios na ilha? – perguntou curiosa Giulia.

– Quieta, menina! – ordenou Samira.

– Não, Giulia – retomou a palavra Giovanni. – A ilha era totalmente desabitada, mas à noite na escuridão imensa eles viram uma luz forte saindo da entrada de uma caverna. Movidos pela curiosidade desceram da embarcação, pegaram um bote e foram remando até a ilha. Conforme iam se aproximando percebiam que a luz ia ficando cada vez mais forte.

Espantadas ouviam com expectativa enorme e os olhos arregalados.

– Desceram num ponto acessível e caminharam em direção à entrada da caverna. Quando chegaram ficaram completamente abobalhados. No interior da caverna era como se fosse dia. Tinha praia com águas mansas, e só se ouvia o quebrar das ondas na areia.

– Nossa! De onde vinha a luz? – perguntou Samira.

– Eles não conseguiram descobrir. Andaram pelo interior da caverna por vários quilômetros, explorando tudo que podiam e após muitas horas voltaram para a entrada. Peter contou que seu pai afirmou parecer que havia um sol lá dentro.

– Que estranho! Como pode isso, dona Samira? – perguntou impressionada Dolores.

– Há muitas coisas por esses mares. Monstros, assombraçoes, almas penadas. O capitão muitas vezes conta casos de assustar a gente.

– O pior, mamãe, – tornou Giovanni – veio depois.

– Teve mais? – indagou Samira curiosa.

– No dia seguinte os mesmos marinheiros foram à procura da caverna. Conseguiram localizá-la, mas não puderam entrar.

– Como assim? – perguntou Samira. – Por quê?

– A escuridão era total em seu interior. Não se enxergava um metro à frente dos olhos. Para solucionar o mistério, três dos marinheiros resolveram investigar os fatos. Peter disse que o pai dele não quis mais voltar à caverna, mas aqueles três foram para lá numa madrugada, por volta de 2 da manhã. Nunca mais voltaram. Acredita-se que tenham se embrenhado caverna adentro e com o raiar do dia do lado de fora virou noite na caverna e provavelmente perderam-se para sempre. Passados alguns dias o próprio capitão de uma das embarcações foi à procura deles assim que a noite chegou e a caverna se iluminou. Passaram muitas horas chamando por eles e andando pela caverna, mas não viram nenhum sinal dos três.

– Credo! Que história triste – disse Samira assustada.

– Será que as pessoas foram raptadas igual a Ângela? – perguntou Giulia.

– Giulia! – ralhou Samira, contendo as lágrimas.

– Sabe, mamãe – disse Giovanni –, gosto muito do Peter, mas não acredito nessas histórias. Imagine só, como eles iriam sumir assim?

– Filho, – falou séria – você que irá viajar por esses mares desconhecidos trate de acreditar e nunca facilite. Há muitas coisas que não têm explicação mesmo, mas existem. Eu sei que existem.

– São as bruxas, dona Samira – falou Dolores toda supersticiosa.

– Ah, Giovanni, na próxima história conta uma coisa onde as pessoas não desapareçam – disse Giulia. – Conte histórias de príncipes e princesas.

Giovani sorriu da pureza da irmãzinha e disse:

– Giulia, não sou eu que faço a história. Só repasso o que o Peter conta. Pena vocês não estarem lá para ouvi-lo porque ele conta bem melhor que eu.

E a viagem seguia assim. Quase sempre o menino trazia novas histórias. Teve até uma de príncipe que ele pediu ao Peter.

Não se sabe se por invenção do marinheiro ou não, o fato é que a historinha era alegre e quando Giovanni contou todos foram dormir felizes e tiveram bons sonhos, principalmente Giulia.

Logo estavam de volta a Lisboa. Agora para ficar em definitivo.

CAPÍTULO XIV
Epílogo

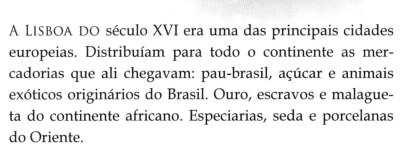

A LISBOA DO século XVI era uma das principais cidades europeias. Distribuíam para todo o continente as mercadorias que ali chegavam: pau-brasil, açúcar e animais exóticos originários do Brasil. Ouro, escravos e malagueta do continente africano. Especiarias, seda e porcelanas do Oriente.

Dessa forma Samira que vinha de uma cidade portuária pouco estranhara a mudança uma vez que o movimento na capital lusitana era frenético.

Gostava de frequentar a Rua Nova dos Mercadores onde encontrava tudo que precisava e até o que não queria: escravos, por exemplo.

Essa questão continuava sob debate acalorado com o marido.

Todas as famílias ricas do reino tinham escravos. Era inconcebível, por uma questão de status que Pedro, sendo tão bem de vida, não os tivesse. Pelo menos por enquanto prevalecia a vontade de Samira.

Giovanni adorara aqueles meses no mar envolvido no trabalho em vários setores da nau.

O plano inicial era tão logo chegassem a Lisboa encaixar o jovem numa das inúmeras embarcações que partiam do Tejo.

Pedro, entretanto, pensou melhor e como a nau Santa Mônica já se encontrava desgastada por tantos anos de viagens resolveu aposentá-la. Com a mudança nos projetos sugeriu a Giovanni analisar a possibilidade de viajar em seu próprio navio. Usando sua influência e poder planejara buscar sócios e construir uma nova nau.

Como Giovanni ainda era bem garoto não custaria nada esperar mais um tempo e partir numa embarcação nova e sendo um dos donos da nau, representando Pedro.

Logicamente não tinha experiência nem idade para comandar um navio, mas Pedro buscaria essa pessoa e o menino aprenderia tudo com esse comandante. Acertando todos os detalhes Pedro se dirigiu à Ribeira das Naus e junto aos novos sócios encomendou a nova embarcação. Samira vibrou de contentamento com a nova decisão, pois assim teria o filho muito mais tempo ao seu lado.

Para Giovanni os dias passavam vagarosamente.

Samira buscava esquecer seus vazios existenciais se divertindo ao máximo. Gênova só trazia alegrias quando viajava no passado longínquo. Lisboa, ao contrário, agora era muito melhor. Saía com Pedro pelos lugares da cidade onde tudo era movimento, distração e felicidade.

Gostava de ir ao Paço da Ribeira com o marido. Havia, no entanto, certa resistência por parte daqueles que frequentavam a corte em relação a Samira. Era estranho uma pessoa de posses não ter seus escravos. Mas isso iria mudar rapidamente.

Samira ia muito também à Feira da Ladra. Nesse caso Pedro se recusava a acompanhá-la. Aliás, não entendia o que a esposa ia fazer num lugar que vendia coisas usadas.

A verdade é que ele, como a maioria dos homens daquela época, não entendia a alma feminina que desde sempre se deslumbra com compras e adora contemplar tudo aquilo que será útil em algum lugar da casa.

Certa vez, passeando com Pedro, Samira estacou próximo a um mercador de escravos e ficou penalizada vendo os pobres negros expostos sem o menor respeito.

Ela bateu os olhos num garoto que talvez nem tivesse ainda a idade de Giovanni e vendo aquele menino ali acorrentado, submetido a todo tipo de maus-tratos, não conseguiu se conter.

– Pedro, compre esse escravo para nós – disse apontando para o jovem negro.

– Você é louca, mulher? Desde quando você se interessa por escravos? Ou pelo menos tenha manifestado interesse em tê-los?

Era de fato um pedido estranho. Todos sabiam da posição de Samira a esse respeito.

– Compre, Pedro – insistiu. – Não vê que o pobrezinho está quase a morrer?

– Ah tá, então você quer comprá-lo para livrá-lo da condição de escravo? É isso?

Samira balançou a cabeça com tanta tristeza em sua expressão que de certa forma mexeu com os sentimentos do marido. Mas ele manteve seu orgulho e altivez respondendo:

– Samira, hoje é esse que mexe com seu sentimento de pena, amanhã serão outros. Você acha que poderemos mudar o mundo? Não há dinheiro suficiente para comprar a liberdade de todos os seres nessas condições.

Dizendo isso saiu dali e Samira percebeu que seria inútil continuar com sua rogativa.

Enquanto Pedro se interessava por outros assuntos e seguia pela Rua Nova dos Mercadores, Samira foi abordada por Dolores.

– Dona Samira, posso dar-lhe uma ideia?

– Claro, Dolores, fale.

– Veja, se a senhora tem tanta pena dessa gente não seria melhor ter escravos em sua casa?

– Você ficou louca, Dolores? – disse irritada. – Sabe muito bem que não gosto desse tipo de desumanidade.

– Então, senhora, é justamente isso que estou tentando dizer.

– Não entendo.

– A senhora diz ao capitão que mudou de ideia. Agora resolveu ter escravos. Pense em quantas vidas a senhora estará poupando do sofrimento? Esse menino, mesmo, pelo qual a senhora se sentiu tão penalizada, com certeza será vendido a um dono de escravos que o colocará em serviços forçados e desumanos e com certeza não chegará aos 30 anos de idade como é o caso da maioria deles. Em sua casa, ele e outros mais terão tratamento decente, o que os aliviarão de verdadeiros suplícios. Assim procedendo, imagine quantas vidas a senhora irá tirar do sofrimento? Quantas vidas serão poupadas?

Samira meditou nas palavras da espanholinha e viu surgir um novo horizonte. Com alegria incontida falou:

– Dolores, você é mesmo muito inteligente. Gostei de sua ideia. Hoje mesmo falo com Pedro e começamos pelo menino. Torçamos para que ele não seja vendido antes disso.

Toda feliz ela prosseguiu em suas compras e mais tarde para surpresa de Pedro falou de sua disposição em aderir aos costumes da maioria.

Claro que Pedro gostou da mudança de atitude da esposa, mas esperto que era, viu tudo aquilo com muita reserva.

"O que estaria acontecendo com Samira?", pensou.

O melhor de tudo é que o menino escravo, no dia seguinte, já ganhara um lar decente.

Samira tinha por ele um enorme carinho e o tratava com tanto amor que até despertava os ciúmes de Pedro.

Ela, no entanto, esclarecia o esposo com bom humor:

– Que isso, meu capitão? Enciumado como um adolescente? Tenho pelo João Batista um carinho de mãe que o infeliz não tem. Pense na nossa Ângela. Onde estará nesse momento? Faço por ele o que eu não pude fazer por minha filha.

Pedro aceitava e entendia de boa mente as explicações.

O garoto fora batizado e ganhara o nome de João Batista em homenagem ao santo que a Igreja comemorava naqueles dias.

No entanto, para a espiritualidade que os protegia, tudo era tão claro e cristalino como uma fonte de água pura.

João Batista era a reencarnação do pai de Samira.

Ela fora levada ao encontro do menino pelo espírito de Isabel que assim interferia em favor de seu amado esposo, o egípcio querido de alguns anos passados.

Vale ressaltar que isso ocorre com frequência em nossas vidas, conforme o merecimento e a afinidade entre as partes.

É muito provável que o leitor amigo reencontrará alguma alma querida num mendigo que lhe estende as mãos, num estranho que nos presta ajuda na estrada da vida.

Jesus disse com sua sabedoria: "Quando acolhei um desses sofredores é a mim que acolhes".

Com seu conhecimento profundo, o mestre dos mestres nos orienta que o carinho no falar e a atenção para com aqueles que batem à nossa porta devem ser a tônica na prática de todo aquele que se propõe a seguir seus passos.

Assim sendo, até um animalzinho que nos abana a cauda deve ter o carinho retribuído.

Samira que era boa de coração acolheu o pai que voltava em outra condição.

Isso traria créditos enormes em seu favor de espírito imortal.

Outros sofridos seres, que a ignorância e o egoísmo humano transformaram em escravos, encontraram no lar de Pedro e Samira um tratamento carinhoso e humano contrariando os costumes bárbaros da época. Não deixaram de ser escravos, mas passaram uma existência sem os sofrimentos cruéis impostos aos seus irmãos originários do continente africano.

CAPÍTULO XV

PALAVRAS FINAIS DE SÓROR HELENA

CARO LEITOR, ASSIM se encerra esse ciclo na vida de Samira, um espírito que não podemos chamar de iluminado, mas que é de uma fortaleza e perseverança raramente encontradas por nós.

Acompanho essa lutadora desde sua mocidade na presente existência e tive a alegria de conviver com ela na história que você acaba de conhecer.

Em razão do pesado fardo a que se impôs antes de reencarnar na vida atual, havia por parte do grupo que a orientava toda uma preocupação, não pela sua capacidade em vencer os desafios, mas entendendo que ela estava sendo muito rigorosa consigo mesma.

Hoje, ao visitarmos Samira, que logicamente tem outro nome, nos sentimos muito felizes, pois essa octogenária, na visão de todos nós, é uma vencedora que conseguiu superar tudo aquilo que ainda pesava em sua consciência quanto aos fatos narrados nesse romance.

A decisão de se afastar dos filhos, ainda que momentaneamente naquela oportunidade, foi um fator de tristeza que marcou negativamente suas várias existências posteriores em todos esses séculos.

O fato não só de sua filha Ângela ter sido arrancada do convívio da família, mas também ter sofrido muito com a perda da visão naquela encarnação, foi talvez a situação que mais afligiu seu espírito. E note-se que se Ângela foi muito rígida com a mãe, em termos de mágoa, na sequência das vidas, ao reencontrá-la no mundo espiritual após o trabalho de aproximação por parte da espiritualidade, perdoou-a integralmente e jamais cobrou qualquer ressarcimento quanto ao seu comportamento equivocado.

Apenas para informação ao querido leitor, Ângela no decorrer da história, assim que foi raptada sofrera como escrava até ser adquirida por um sultão. Logo tornou-se o destaque do harém. Em pouco tempo já era a favorita do sultão tendo regalias de uma rainha. Como era geniosa extrapolou em seu comportamento prejudicando a vida de muitas pessoas. Com o passar dos anos, como era habitual, deixou de ser a favorita perdendo todo o prestígio junto ao sultão. O pesado débito que possuía perante a vida começou a ser cobrado logo naquela existência, pois a nova favorita, envolvida com um dos frequentadores da corte, tramou um enorme castigo para ela, queimando suas vistas e assim ela viveu seus últimos e sofridos anos, sem ver a luz do dia.

Ângela vagou por muito tempo após a desencarnação culpando, em sua revolta, a própria mãe. Magoada e humilhada ao extremo não teve o equilíbrio necessário para perdoar Samira naquele momento. Após várias existências onde aprendeu o perdão veio descobrir, através de seus orientadores espirituais, que a causadora de sua infelicidade e separação da família fora Plotina. Preparou-se durante muitas vidas e agora, como caçula de uma numerosa família, cuidava com carinho inigualável das irmãs mais velhas, Samira e Plotina.

Mesmo tendo passado quatro séculos, Samira pediu que, além de todas as outras provas às quais precisava passar, fosse colocada uma doença que lhe causasse a cegueira completa pelo exato número de anos, meses e dias em que a filha querida sofrera quando daquela existência.

Note-se o que é de fato o amor verdadeiro: Ângela achou desnecessária essa prova na nova vida de Samira, mas como ela, Samira, se mostrasse irredutível no que de fato traria paz a sua consciência, insistindo nessa ideia, fez com que Ângela, a filha querida de 400 anos passados, tomasse a iniciativa de renascer junto a ela para cuidar e ampará-la na velhice, nos dias sofridos em que viesse a viver na escuridão.

Junto a Ângela reencarnou, como seu marido e agora fiel companheiro, a mesma pessoa que participou na trama de sua cegueira. Ambos lutadores e trabalhadores nas lides espíritas de uma grande cidade mineira.

Temos alguns outros participantes da história que também retornaram na presente existência.

Pedro permaneceu na espiritualidade como anjo tutelar de Samira.

Isabel, a mãe prestimosa dos acontecimentos em Gênova, novamente desceu ao plano terrestre como genitora de Samira. Aos 41 anos de idade Samira perdeu a companhia física daquele anjo de bondade, mas os laços fortes entre ambas fizeram com que Isabel retornasse poucos anos depois, ainda na mesma família e sempre dedicada e decidida a cuidar de nossa querida alma em provas.

Giovanni retorna na condição de um primo que conhece a orfandade materna aos 8 anos de idade. Motivada pelos intrincados fios de compromissos ligados a existências passadas, Giulia também retorna como irmã de Giovanni mais uma vez. Juntos estarão sob os cuidados da agora prima que se propôs a dar assistência, educação e toda orientação às duas crianças.

Assim como nada é por acaso na obra divina, até Plotina que praticara o infeliz ato do sequestro e agravara mais ainda suas penas cometendo o suicídio, situação que se repetiria em vidas subsequentes, vai encontrar a paz de consciência nesse reencontro, renascendo como irmã de sua vítima do passado.

Como tudo tem seu preço, será amparada na velhice por

Ângela, mas sofrerá todo tipo de preconceitos renascendo em um corpo limitado pelo nanismo.

Quando nos propusemos a colaborar para que essa história se materializasse em um livro, tivemos como objetivo maior os ensinamentos que ela nos traz.

Sempre que nossa vontade for colocada em confronto com a razão lembremo-nos da prece, do contato com nosso anjo protetor a fim de que não venhamos a fazer a opção equivocada no caminho a seguir.

Nossos personagens, nessa história, usaram sempre de seu livre-arbítrio, mas como é da lei, não puderam escapar das consequências.

"A semeadura é livre, mas a colheita é obrigatória".

Devemos sempre estar atentos ao sentido dessa máxima.

Um ceitil que gere prejuízos a terceiros em nossas ações, uma vírgula mal colocada, uma insignificante agulha de que venhamos a nos apropriar de forma indevida, tenham a certeza que nos será cobrado.

Quem nos cobrará?

Nossa consciência. Somente ficaremos livres quando quitarmos os débitos que deixamos em aberto.

No caso de Samira não bastou que seus credores a perdoasse.

Quatro séculos não foram o bastante para conseguir o autoperdão nas diversas existências subsequentes aos fatos aqui narrados.

Agradecemos aos queridos leitores que nos acompanharam nessa história a qual esperamos possa trazer-lhes apoio, esclarecimentos e esperança de que tudo acontece no tempo certo.

Que possamos aproveitar ao máximo a chance que nos é concedida pelo Senhor da vida!

VOCÊ PRECISA CONHECER

Confia e segue
César Crispiniano | Blandina (espírito)
Mensagens mediúnicas • 10x14 cm • 144 pp.

Confia e segue é um livro composto de mensagens simples e diretas com a finalidade de impactar nossa vida e nossas atitudes.

São textos que certamente irão tocar seu coração, ideais para leitura diária: você escolhe um texto e ele certamente servirá para boas reflexões ao longo do seu dia.

O ódio e o tempo
Ricardo Orestes Forni
Romance espírita • 15,5x22,5 cm • 256 pp.

Quando ferimos, esquecemos. Aqueles a quem prejudicamos, se não nos perdoarem, voltam para nos cobrar. Foi assim com Álvaro: um seu desafeto do passado retorna. Devido a sua invigilância, Álvaro permite que o desequilíbrio emocional se instale em seu ser. E uma sucessão de erros de sua parte o coloca em perigo... Mas o plano espiritual voltado para o bem também estava presente!

Seja você mesmo – O desafio do autodomínio
José Lázaro Boberg
Autoajuda • 14x21 cm • 200 pp.

O advogado José Lázaro Boberg afirma que Deus existe dentro de cada uma das Suas criaturas.

Quando o ser humano se conscientizar de sua força interna e buscar dentro de seu mais profundo eu os elementos para sua ascensão espiritual, conseguirá dar um salto em sua caminhada evolutiva.

VOCÊ PRECISA CONHECER

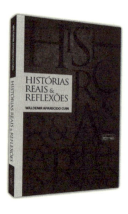

Histórias reais e reflexões
Waldenir Aparecido Cuin
Relatos • 14x21 cm • 216 pp.

O autor reúne histórias verdadeiras vivenciadas por ele, em suas experiências de vida, no centro espírita que frequenta, nos trabalhos de atendimento fraterno aos espíritos, na creche onde participou como trabalhador voluntário e até na vida cotidiana para, assim, trazer à tona ensinamentos significativos através de uma leitura leve e prazerosa.

Paixão & sublimação - A história de Virna e Marcus Flávius
Ana Maria de Almeida • Josafat (espírito)
Romance mediúnico • 14x21 • 192 pp.

Atravessando vários períodos da História, Virna e Marcus Flávius, os personagens desta trama, serão submetidos ao cadinho das experiências e das provações e, como diamante arrancado da rocha, serão lapidados através das múltiplas experiências na carne até converterem-se em servos de Deus.

O faraó Merneftá
Vera Kryzhanovskaia • John Wilmot Rochester (espírito)
Romance mediúnico • 16x22,5 • 304 pp.

O livro *O faraó Merneftá*, personagem que representa uma das encarnações de Rochester, autor espiritual da obra, nos mostra com grande veracidade a destruição que o sentimento de ódio desencadeia na vida do espírito imortal.

Vivendo na época de Moisés, um tempo de repressão e disputa pelo poder, as paixões exacerbadas de seus protagonistas provocaram tragédias que demandariam muito tempo para serem superadas.

VOCÊ PRECISA CONHECER

Milena
Denise Corrêa de Macedo
Romance mediúnico • 15,5x22,5 cm • 256 pp.

"Irmãos, compreendam essa história como um grito de liberdade, como um clamor por justiça. Mulheres! Reflitam sobre si mesmas, a condição em que vivem, os valores que alimentam".

Este é o brado de *Milena* que vem, através da psicografia de Denise Corrêa de Macedo, nos contar sua sofrida, porém bela história de amor, vida e superação na encarnação que viveu como "senhora de fazenda".

Triunfo de uma alma - recordações das existências de Yvonne do Amaral Pereira
Ricardo Orestes Forni
Biografia • 14x21 cm • 200 pp.

Yvonne do Amaral Pereira teve imensa força interior para realizar o triunfo de uma alma em sua última reencarnação. Mais do que uma homenagem, este livro é um importante alerta a todos nós viajantes na estrada evolutiva, sobre a colheita da semeadura que realizamos na posse de nosso livre-arbítrio.

Episódio da vida de Tibério
Vera Kryzhanovskaia • J. W. Rochester (espírito)
Romance mediúnico • 14x21 cm • 192 pp.

Episódio da vida de Tibério é a obra inaugural da literatura rochesteriana onde o próprio Tibério, Imperador romano, dá testemunho de seu fascínio por Lélia – princesa germânica por quem ele nutriu um amor doentio em mais de uma encarnação –, desvendando a trajetória de suas vidas pregressas e as inúmeras responsabilidades que resultaram de suas ações no passado.

VOCÊ PRECISA CONHECER

Peça e receba – o Universo conspira a seu favor
José Lázaro Boberg
Estudo • 16x22,5 cm • 248 pp.

José Lázaro Boberg reflete sobre a força do pensamento, com base nos estudos desenvolvidos pelos físicos quânticos, que trouxeram um volume extraordinário de ensinamentos a respeito da capacidade que cada ser tem de construir sua própria vida, amparando-se nas Leis do Universo.

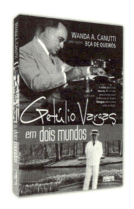

Getúlio Vargas em dois mundos
Wanda A. Canutti • Eça de Queirós (espírito)
Romance mediúnico • 16x22,5 cm • 344 pp.

Getúlio Vargas realmente suicidou-se? Como foi sua recepção no mundo espiritual? Qual o conteúdo da nova carta à nação, escrita após sua desencarnação? Saiba as respostas para estas e outras perguntas, agora em uma nova edição, com nova capa, novo formato e novo projeto gráfico.

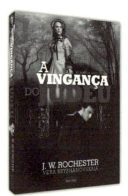

A vingança do judeu
Vera Kryzhanovskaia • J. W. Rochester (espírito)
Romance mediúnico • 16x22,5 cm • 424 pp.

O clássico romance de Rochester agora pela EME, com nova tradução, retrata em cativante história de amor e ódio, os terríveis fatos causados pelos preconceitos de raça, classe social e fortuna e mostra ao leitor a influência benéfica exercida pelo espiritismo sobre a sociedade.

Não encontrando os livros da EME na livraria de sua preferência,
solicite o endereço de nosso distribuidor mais próximo de você através de
Fones: (19) 3491-7000 / 3491-5449
(claro) 9 9317-2800 (vivo) 9 9983-2575
E-mail: vendas@editoraeme.com.br – Site: www.editoraeme.com.br